コイン・マジックへの誘い

QRコードからすぐ動画が見られる！

氣賀 康夫

Invitation to Coin Magic

泉文堂

推薦の言葉

　コインマジックは手軽にできる最も基本となるマジックの入り口です。身近な場面で見せるものからステージでパフォーマンスするものまで，現象や方法だけでも数えきれない程の技法やルーティンがあります。しかしながら，本格的なコインマジックを詳細に解説した書籍は世界にもほとんど見当たりません。

　本書は日本で初のコイン奇術を1冊の本として1964年に出版した氣賀さんが，研究を重ねてきたコイン奇術の総集編です。

　上品な見せ方と気品のある言葉使いで演じる氣賀さんのマジックは，多くの方を惹きつけます。鑑賞された方は，その雰囲気の素晴らしさ，人としてのふるまいに，ついつい魅了される事でしょう。本書のマジックには氣賀さんのスタイルとマインドが詰め込まれています。洗練されたコインマジックの習得，コインマジックの奥深さを学びたい皆様にとって本書は宝の山です。

　私の演じるコインマジックの根底には氣賀さんのコイン奇術の本で習得した過去が生かされています。動作には全て理由と意味があり，ストーリーがあり，観客を楽しませる事が目的です。今でも内容の素晴らしさに変わりなく大切にしています。その本を凌ぐ内容と丁重な解説となった本書を全てのコインマジックに興味のある皆様にお薦めします。

by　トランプマン

┌─ ≪トランプマン≫ ─────────┐
国籍・名前・素性・生年月日は非公表。
正体不明，謎のマジシャン。
身近なテーブルで見せるマジックもトランプマンの得意とするところ。目の前でみるトランプマンの驚きのマジックは感動の世界です。
└────────────────────┘

1

まえがき

　奇術はそのとらえ方によっては合理的な科学であり，また美しいアートでもあります。

　多くの人が，奇術を「観客の目を欺いて不思議を体験させテクニック」と考えているように思えます。そう考えると，観客が騙されれば成功であり，それで満足という気持ちになります。しかし，それは観客の目から見ると，「俺はこういうことができるのだぞ。どうだ！」という上から目線の演技に映ります。そういう演技はたとえ上手くても観ている人が心から楽しめる芸にはなりません。奇術を「うまいなあ」と思わせるように演じようとするのは実は間違ったやり方なのです。

　私は奇術は「不思議を演出し，観客に楽しんでいただくアート」と考えるように心がけています。奇術の演技で大切なことは「観客の楽しみを目的に，奉仕の心で演技をする」という一点です。古くはアダチ竜光，吉慶堂李彩，石田天海，そして最近では伊藤一葉，マギー司郎のような演技が無条件で楽しめるのはこれらの方々が美しい心で舞台に立っているからなのだと思います。

　さて，本書の楽しみ方は主に二つあります。

　その一つ，まずコイン奇術を見て楽しむのではなく，それを演じて人を喜ばせようという楽しみ方です。演じてみたいという方にとっては，本書がそのためのオーソドクスな手引書の役割を十分果たすと思います。

　もう一つは，奇術を演ずる立場ではなく，それを観る立場です。本当は，奇術の観客が奇術の不思議を鑑賞するのに，その舞台裏は知らない

方が幸せなのです。ですから，そういう純粋の観客であり続けるのが理想だと考える方はこのような本を読まないのがベストかもしれません。

　しかし，奇術の舞台裏を知りたいという興味は誰でもが持っているものであり，そのような好奇心を満たすためにこの本を読み，その内容を理解することは健全な知的活動だと考えます。それを躊躇する必要はありません。ただし，一点だけ注意事項があります。それはそのようにして身につけた知識を誇らしく思ってはいけないという点です。たとえば，どこかで奇術を見るときにその演技者を邪魔する目的に乱用してはなりません。ここで学んだ奇術が目の前で演じられるときには，舞台裏を知らない観客の気持ちになり切って演技者に協力することが一番です。その心構えさえあれば，知識のレベルを高める目的でこの本を読まれても何も問題はありません。

　筆者は，奇術という芸については，それが最も浄化された状態においては，演ずる人も，観る人も，心を美しく持ってその場に臨んでいただきたいと考えます。その理想の姿においては，種を知っているか，いないかは問題ではなくなると思います。そして将来，本書の内容を足掛かりに，コイン奇術の研究がさらなる高みに向って発展することになるならば，それ以上の喜びはありません。

　最後に本書を企画するきっかけを作ってくださった「マジックラビリンス」を主管する東京マジック星野徹義社長，著者の同僚である東京アマチュアマジシャンズクラブ会員各位，そして泉文堂の方々にこの場を借りてお礼を申しあげます。

　　令和3年9月

　　　　　　　　　　　　　　　　　　　氣賀　康夫

目　　次

方法・247

┌─ ≪QRコード≫ ────────────────────────┐
│ 第6章以降の章タイトルのところにQRコードがあります。   │
│ それを読み取ることにより，その章の実践動画を見ることができます。│
└────────────────────────────────┘

1 コイン奇術の世界への ご招待

　東京マジックの星野社長のお勧めで，このたびコイン奇術講座を始めることといたしました。筆者はコイン奇術の権威というわけではなく，我が国に優れたコイン奇術の研究家が多数おられるのを承知しています。しかし，せっかくのお勧めなのでこれまでに研究を重ねてきたコイン奇術について情報を整理して提供することにいたしました。

写真1

　コイン奇術はクロースアップマジックの花形です。クロースアップマジックでは幾何学的に代表的な姿の品が活躍します。例えば四角く立体的なものと言えばサイコロであり，四角く平なものと言えばトランプ，丸い立体的なものと言えばボール，そして丸く平らなものと言えばコインであるという具合です。さらに細く長いものはシガレット，柔らかで長いものは紐であり，薄く平らなものはハンカチという具合です。

　ところで，筆者は奇術のための手法は，複雑で，難しいことがいい方法であるという考え方は採りません。できることなら誰でもが練習すればできるという手法が望ましいと考えております。手法に関して大切な

ことは見た目に怪しいところがなく，自然な動作の中で不思議を演出できるという点です。基本的にシンプルイズザベストと考えております。

　なお，筆者は奇術の秘密を大切に隠し通したいと考える立場ではありません。もちろん奇術を観て楽しんでいただくべき観客の方々には奇術の秘密を明かすべきではありませんが，同好の士である研究家の方々とは，自分が開発した手法であっても，ノウハウを共有し，将来の研究の足しにしていきたいと考える立場です。今回この講座をお引き受けする前提はコイン奇術を通して奇術のあるべき姿を追求してみたいという思想です。研究家同士が力を合わせて奇術の発展に少しでも寄与できればよいと考えております。

　では，講座を始めるにあたりコイン奇術に関する本をいくつかご紹介しておきましょう。

1 コイン奇術に関する本

　写真２は筆者が1964年に力書房から出版した日本初のコイン奇術の本『コイン奇術の研究』です。ただし，これは専門書ですので，あまりお勧めするつもりはありません。実はこの書の序文に「近々根本毅氏のコイン奇術入門書が出版されるので，それを参照ください。」というくだりがあります。当時，根本氏からその出版計画をお聞きしていたからです。ところがその後この入門書は陽の目を見ることがありませんでした。いわば幻の本です。

写真2　　　　　　　　　　　　写真3

 ## コイン奇術入門書

　そして，その後，我が国の最初のコイン奇術の入門書を書かれたのは
二川滋夫氏です。氏には複数の名著がありますが，ご本人にお聞きした
ところ，「この一冊！」というのであれば，東京堂出版の奇術入門シ
リーズ「コインマジック」をお勧めしたいとおっしゃられました。まず，
買って勉強するのであれば，第一にこの本をお勧めします。写真3をご
参照ください。

 ## 海外のコイン奇術教本

　洋書でコイン奇術の本を！という方にお勧めしたいのはJ. B. Boboの
Modern Coin Magicです。写真4を参照ください。

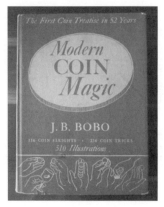 

写真4 写真5

　最後の一冊です。Boboに続きコイン奇術の研究で名をあげたのは
David Rothです。Rothの研究の多くは著書「Expert Coin Magic」に書
かれております。写真5をご参照ください。
　それではコイン奇術の世界への扉を開きましょう！

2 コイン奇術で用いる コインについて

コイン奇術を実演するとき，どのようなコインを用いるかは非常に大切な要素です。奇術家は何かコイン奇術を実演しようというときには，それに最適なコインを使うように配慮しています。それでは以下に使うべきコインについての情報を整理しておきましょう。

1 サ　イ　ズ

コイン奇術にふさわしいコインですが，筆者は直径が26㎜の500円玉と直径が38㎜のアメリカの一ドル銀貨の間の大きさのコインをお勧めいたします。コインが小さすぎるとよく見えないこと，また逆にコインが大き過ぎるとコインに見えなくなってしまうことがその理由です。サイズがあまりに大きいとコインでなくメダルに見えます。

コインのいろいろ

上段右からアメリカ1弗銀貨，オリンピック千円銀貨，スペイン旧100ペセタ貨，オランダ旧2.5ギルダー貨，2銭銅貨，下段右から英国旧ハーフクラウン（2シング6ペンス貨），アメリカハーフダラー（50セント）銀貨，英国旧1ペニー銅貨，500円玉，旧50円ニッケル貨

世界的にコイン奇術家に人気のあるコインは直径30mmのアメリカの
ハーフダラーと呼ばれる50セント銀貨です。このコインのサイズは十進
法に変更前の英国の旧1ペニー銅貨と同じサイズであり、よくこの2枚
を組み合わせて奇術が演じられました。現在では英国の通貨が十進法に
なり、この旧1ペニー銅貨は古銭に分類されています。

コイン奇術を愛好する立場からすると、自分の国で流通している通貨
で便利なサイズのコインがあると理想的なのですが、必ずしもそうはま
いりません。

日本には戦前には2銭銅貨という直径32mmの銅貨がありましたが、
戦後はコインが小さい時代が続きました。筆者がコイン奇術に馴染み始
めたころは最大のコインは直径25mmの50円ニッケル貨でした。ダイバー
ノンのカンガルーコインズという名作について、原書の写真ではハーフ
ダラーが用いられていますが、高木重朗師がそれを日本に紹介する際に
は50円玉がモデルになっていました。

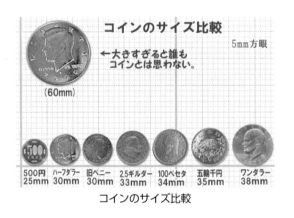

コインのサイズ比較

コインのサイズ比較

「自国にいいコイン
がない場合には外国の
コインを使えばいいで
はないか」という意見
もありそうですが、実
際にはそう簡単にはま
いりません。外国のコ
インを取り出すと、見
ている人は「日常品で
はないものが登場した
ぞ！」と身構えることになるからです。筆者がコイン奇術に使うにふさ
わしいと思うコインは1ドル銀貨とハーフダラーの間のコインです。そ
こで愛用しているコインの一つは1964年東京オリンピックの千円銀貨
（直径35mm）なのですが、それでもそれを数枚取り出すと観客が「ホ

オッ！」と言って奇術よりコインに興味を持つようになるくらいです。これは演技のために決して好ましいことではありません。またユーロの登場で表舞台から退場したコインでなかなかいいと思ったコインにスペインの旧100ペセタ貨（直径34mm）オランダの2.5ギルダー貨（直径33mm）それと英国の２シリング６ペンス旧半クラウン貨（直径32mm）などがあります。

　なお，石田天海師の名作に「Two Penny Trick」と呼ばれる作品がありますが，これは意図的に小さいコインを使用するのが効果的な奇術の例です。用いるのは英国のペニーではなくアメリカの１セント銅貨（ペニーと俗称されます）です。日本でしたら10円玉が適当です。この奇術に500円玉やアメリカのハーフダラーを使うのは好ましくありません。

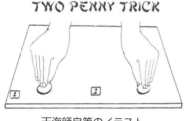

天海師自筆のイラスト

コインの比較

コインの形状

　コインの形状はほとんどが円形です。ただし，真ん中に穴が開いているコインがときどきあります。世界のコインのなかには珍しい正11角形（カナダ１弗貨）や正７角形（英国１／２ポンド貨）というようなコインもあります。日本には昔は長方形のコイン（一分銀）や長円形のコイン（小判，天保通宝）もありました。奇術には円形のコインを使うのがいいと思います。

3 コインの材質

　コイン奇術で大きさと並んで大切な要素はコインの材質です。銀貨はもちろん銀色ですが，銀色のコインには銀貨のほかにクローム，ニッケル，アルミニュームの硬貨があります。クローム，ニッケルはよく光ります。銀貨はやや白っぽい銀色の光を放ちますが，直ぐ酸化して黒ずみはじめます。アルミはかなり白いです。世界中でこのアルミ貨が使われていますが比重が軽いので手に取るとすぐそれとわかります。銅貨はだいたい褐色です。そして黄銅貨は黄色です。その色の違いを活用するコイン奇術もめずらしくありません。金貨は常に美しいコインですが，本物は貴重であまり奇術には登場いたしません。奇術で使う金貨は，メッキした金貨のように見えるものを用いるのが一般的です。

　奇術家にとって大切なのはコインの周囲のギザです。これがあるとないとで，コインのハンドリングとに大差が生じます。特にクラシックパームにはギザが大切です。それと手になじむかどうかは厳密にいうとコインの材質も大いに関係します。上に紹介したスペインのコインは銀貨ではなくギザもないのでそれが欠点です。同じ形状でも銀貨はニッケル貨やクローム貨よりはるかに手になじみます。その違いはコイン奇術の技法を練習するとすぐわかります。

4 磁性について

　コイン奇術で磁石に良くつくコインがしばしば活用されます。最もよく用いられるのはニッケル貨です。日本では古い50円玉（25㎜で穴のあるものとないものとがある）がニッケル貨でした。これは磁石によくつきます。クローム貨は磁石につかないのですぐ区別がつきます。

　磁石につかなそうに見えて実は磁性を持っているコインが世界の市場

ではしばしば見かけられます。褐色の銅貨に見えるのに磁石によくつく
例としてユーロの1〜5セント貨と英国の2ペンス貨，1ペニー貨があ
ります（英国の二種類は発行の年によっては銅貨のものもあり，それは磁石に
つきません）。これらは銅のように赤褐色をしていますが，実は鉄かニッ
ケルのようです。

　また黄色い黄銅貨に見えながら，実は磁石につくというコインもあり
ます。カナダの通常の1弗貨（26mm）がその例です。一見銀貨のように
見えて実はニッケル貨という素晴らしい硬貨がカナダの記念1弗貨にあ
ります。これには各州が発行した例が複数種類あります。これはコイン
のサイズも大きく（32mm）その存在は記憶しておくに値します。

右からカナダ1弗貨，カ
ナダ1弗記念貨，50円ニッケ
ル貨穴なし，50円ニッケ
ル貨穴あり

磁石につくコイン

左ユーロ5セント，1セ
ント，中央イギリス2ペン
ス，1ペニー，右アメリカ
の1セント，下が1943年発
行の亜鉛メッキ鋼鉄貨，上
はそれをあえて銅メッキし
たもの

銅に見えるが磁石につくコイン

　最後に，話のついでに面白いお話を一つ，アメリカの（1セント貨）
は銅貨ですが，戦時中の1943年に銅が貴重であったため亜鉛メッキの鋼

鉄のペニーが発行されました。このペニーは鼠色をしています。あると
きこれを入手してわざわざ銅メッキをして磁石でとらえる奇術を演じて
みたことがあります。観ている人は種の想像がつかなかったそうです。
普通の銅貨である１ペニーは磁石につきません。

コインのサイズ比較（原寸大）

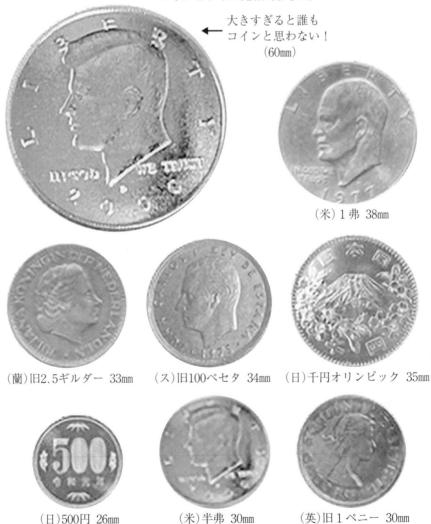

大きすぎると誰も
コインと思わない！
（60mm）

（米）１弗　38mm

（蘭）旧2.5ギルダー　33mm　　（ス）旧100ペセタ　34mm　　（日）千円オリンピック　35mm

（日）500円　26mm　　　（米）半弗　30mm　　　（英）旧１ペニー　30mm

3 基本技法の1　パーム
（Palm）

英語で書かれた最も古い奇術の本としてReginald Scot著The Discoverie of Witchcraft（1584年）が知られています。この本は現在の奇術解説書の前身とも言うべき書であり，「妖術の発覚」という書名のように中世の魔術，妖術の解説をする内容のものであり，その目的はキリスト教が中世の魔女を処刑することの過ちを批判することにあったとされています。しかし，現在の奇術の解説に近い内容が書かれています。

　この本の「お金の技」の章に「右手にコインを密かに隠し持つ手法（訳注：パーム）と右手に持っているコインを左手に手渡すと見せかけて実は右手に保つ手法（訳注：バニッシュの前提となるフェイクパス）とができれば何百（訳注：多数という意味）のコイン奇術ができるようになる。」という記述があります。今から400年も前に，この著者がコイン奇術の必須技法はこの二つの技法だと喝破しているということは注目に値します。近代コインマジックではそのほかにもしばしば使われるその他の技法もありますが，Scotが重視したこの二つの技法が最も大切な基本技法だということは現

11

代も通用する事実です。そこで，まずその第一の技法である「パーム」について解説をすることにいたします。

1　クラシックパーム（Classic Palm）

　このコインの隠し方は大切な基本技法です。ただし易しい技法ではありません。ほかのパームと比べて難しいという理由で，それを避ける人もありますが，この技法は避けては通ってはいけない重要な基本技法です。写真1にコインが右手のクラシックパームされている姿をご紹介します。コインは手の親指の付け根にある肉の部分（thumb baseと呼ぶ）と掌の反対側の小指側の肉の山とに挟まって保持されます。

　このときコインを中指の根本の肉と手首に近いところの肉に挟むのはよくありません。それですと力の方向が基本の持ち方と直角になってしまい，極端な場合には手がこぶしのところから折れ曲がってしまいます（写真2）。

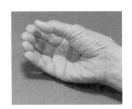

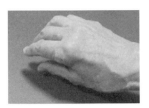

写真1　　　　　　　　　写真2　　　　　　　　　写真3

　なお，クラシックパームのためには手の筋肉が緊張して固くなっているのがよいと考える人もあるようですが，研究家の二川滋夫氏は手の筋肉はリラックスさせておいて柔らかみがある方がコインを保持しやすいと指摘しています。これは正しいと思います。

　写真1を裏から見た姿が写真3です。これがリラックスしたごく自然な手の姿です。クラシックパームでは無理に手を広げるとヤツデの葉のようにするのは困難としても，熊手のような写真4のように指を開くこ

とは可能です。しかし，普通はこのような姿勢の手はかえって怪しい手に見えるということを覚えておいてください。

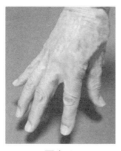

写真4

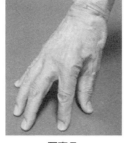

写真5

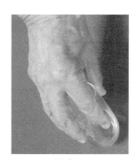

写真6

　このように開いた手が有効なのはたまたま手をテーブルにつくとき，（写真5），その手でグラスを上から持つとき（写真6）それとコインを投げて消した！という演出をする一瞬（そのあと，ただちに手を写真1の姿に戻す必要があります）など，むしろ例外的です。

フィンガーパーム（Finger Palm）

　フィンガーパームはパームの基本形です。コインを隠す位置は薬指の一番掌寄りの指骨の所が標準です。写真7はハーフダラーをパームしたところです。コインが大きいとコインの位置が少しずつずれます。写真8は1弗銀貨の場合です。写真9はクオータ25セント貨をパームしていますが，この写真ではコインの位置が真ん中の指骨のところになっていることにご注目ください。これは変則的フィンガーパームです。

写真7

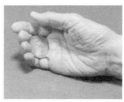

写真8

写真9

写真10をよくご覧ください。これは写真９の変則的フィンガーパームで保持したコインが全く見えない状態のままその指先にもう１枚のコインを持って示しているところです。この手はどう見てももう１枚コインを持っているようには見えないという特色があります。この手法をラムゼーサトルティと呼び，たいへん応用範囲の広い優れた作戦です。

写真10　　　　　　　　写真11　　　　　　　　写真12

　フィンガーパームの特色はそのまま手の力を緩めるだけでごく自然な手の姿が実現できることです。拇指の食指の間を十分あけることが可能であるという利点もあります。強いて欠点をあげれば，指と指の間を開くことが許されないという点でしょう。なお，フィンガーパームしているときの手の姿勢は，すべての指の力を抜いてリラックスさせて，その拇指が食指，中指の先につきそうなくらいの姿が自然です。写真11を参照ください。なお，二川滋夫氏は写真12の姿が自然であると指摘し，この手を「ものを摘まむ手」と称しておられますが，確かにこの手も自然に見えると思います。

 ## サムパーム（Thumb Palm）

　このパームはなかなか利点の多い便利なパームです。写真13にその姿をお示ししておきます。コインは拇指と食指の間の位置になるthumb Crotchというところに挟み持たれた状態になっています。ただし，コインが掌と直角になるのではなく，どちらかというと掌と平行に近い方が観客から見えにくいと思われます。

　このパームの最大の利点は5本の指をまっすぐに伸ばすことができるという点です。写真14がその姿です。ただし，この姿が一番自然だというわけではありません。裏から見た自然なのは写真15のような姿でしょう。

写真13　　　　　　　　　写真14　　　　　　　　　写真15

　無理して手指を伸ばし，指と指の間を開けようとすると写真16のところまでは許される姿だと言えるでしょう。それを超えると写真17のようになりますが，ここまでくると指の間隔が不自然になります。このサムパームの欠点は拇指と食指の間をあけることができないという点です。

写真16　　　　　　　　　写真17　　　　　　　　　写真18

4 ダウンズパーム（Downs Palm）

　以上に説明した三種類のパームが基本中の基本です。それに準ずる大切なパームとしてダウンズパームを説明しておきましょう。ダウンズパームはコイン奇術の名人であったNelson Downsが愛用したパーム法です。コインを隠す位置はサムパームと似ていて拇指と食指の間のThumb Crotchの位置ですが，コインは拇指と食指を丸めて形成される

U字状の空間に保たれることになります。写真18を参照ください。この
パームはもともと舞台で演ずる奇術のために考案された技法です。演者
が手を右に伸ばしたとき写真19の姿にみえて，コインは完全に拇指の陰
になっており，手が空に見えるのです。なお，ダウンズパームした手を
甲の方からみても写真20のような自然な姿に見えます。写真19の手を返
して写真20の姿（上下が反対）にしてもコインは見えません。

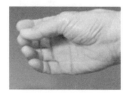  

写真19　　　　　　　　写真20　　　　　　　　写真21

　ただし，そのように動作するときには，その途中ではコインがちらつ
かないように手を写真21のように構えるのがいいでしょう。舞台ではこ
の一連の動作でコインを隠した手があたかも空であるかのような印象を
与えることができるというわけなのでした。ダウンズはコイン数枚をダ
ウンズパームしておき写真19の姿勢から指の操作でコインが1枚ずつ空
中から出現するように見える手法を開発したのでした。写真22A～写真
22Dにその過程をお示しします。

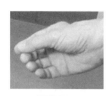   

写真22A　　　　　写真22B　　　　　写真22C　　　　　写真22D

　Aから食指と中指を丸めてコインを挟むようにして，Bから今度は中
指の摩擦で下側のコインを，Cの拇指先まで持ってきて，Dでそれを立
てることによって指先に出現させます。

16

　なお，ダウンズパームは舞台向きのパームでありますが，クロースアップマジックでも有用な手法であり，多用されております。

5　その他のもろもろのパーム法

　以上のほかの特殊なパームを簡単にご紹介しておきましょう。これらのパームは特に心がけて多用するという必要はありません。特殊な状況で上手に活用すると他の方法では実現できない効果を生むことがあるというメリットがあります。だからと言って，乱用はしない方がいいと思います。

写真23

写真24

写真25

(1)　フロントパーム

　掌側の指でコインを保持する手法です（写真23）。

(2)　フロントフィンガーホールド

　フロントパームと似ていますが，指先の方でコインを保持します（写真24）。

(3)　パースパーム

　これはフロントパームの一種です。コインを保持する位置は指の手元に近いところです（写真25）。

写真26　　　　　　写真27　　　　　　写真28A　　　　　写真28B

⑷　エッジパーム

　クラシックパームと似た位置にコインを保持しますが，コインが掌からある角度を持っている状態になります（写真26）。

⑸　フィンガーチップレスト

　この手法は，通常はパームとして分類されることは少ないのですが，たいへん有効であり応用範囲の広い手法です。コインが中指の先，あるいは中指と薬指の指先の肉の上に休んでいる状態です（写真27）。一旦この位置にコントロールしたコインを次にほかのパームに移行するために用いることもあり，フィンガーチップレスト単独で活用することもできます。大変重要な手法です。

⑹　カールパーム

　これは1本の指を丸めてコインを保持する手法です。小指でカールパームすることもできますが，薬指で実行する方がバランスがいいと思います（写真28A）。写真28Bは観客から見た姿です。

写真29　　　　　　写真30　　　　　　写真31

(7)　ピ　ン　チ

コインを指と指の間に挟んで隠し持つ手法です（写真29）。

(8)　バックパーム

手の裏にコインを隠し持つ手法です（写真30）。

(9)　バックサムパーム

サムパームと同じことを手の裏側で実行する手法です（写真31）。

写真32　　　　　写真33　　　　　写真34A　　　　写真34B

(10)　バックピンチ

ピンチを手の裏側に実行する手法です（写真32）。

(11)　天海ゴーシュマンピンチ

バックピンチの一種ですが，小指と薬指の間にコインを保持するという手法です。コインは薬指の裏に寝ている状態になります（写真33）。

(12)　新ウィルソンパーム

ウィルソンパームというのは最近注目を集めている技法であり，掌側を観客に向けて，拇指と食指でものを摘まむような姿勢を取りますが，その他の指は段階的に広げた姿でありどこにもコインの隠し場所がないように見えます。実は指の裏にコインが隠されます。筆者は中指の真ん中の指骨でコインを支える方法が一番自然に見えると考えております

（写真34A）。なぜ，このようなおかしなパームをするかというと，観客に掌が見えるような位置に構えるととてもコインが隠されているとは思えないという特徴があるからです（写真34B参照）。

　以上，基本的パームとその他の各種のパームについて概説しましたが，ここではコインが所定の位置におさまった状態をお示しするにとどめました。実は，どのパーム法においても，普通に持っていたコインをどうやってその所定の位置に持ってくるかというその動的な作業が極めて重要です。基本のパームに関してはその点については次章で詳しく検討することにいたしましょう。

4 パームの活用による 「嘘のコインの手渡し」

(Fake Pass)

　前章ではReginald Scotが基本技法として言及した二つの手法のうち「パーム」という第一の技法を解説しましたが，もう一つの第二の基本技法は「嘘の手渡し」です。Boboはその著書でこのテーマを「コインの消滅（Vanish）」と題して論述していますが，「消滅」というのは観客側から見ての効果を指す表現ですので，術者が実行する技法の本質を十分表現しておりません。術者側から見たこの技法は次の内容です。

　「一方の手に持っているコインをもう一方の手に手渡すと見せかけて，気づかれないように最初の手にコインを持ったままにする手法」

　そこで，ここでは，この技法を「嘘の手渡し」（Fake Pass）と呼ぶことにいたします。ところで，第一の基本技法パームを実行する方法を上手く活用すると，その応用としてこの「嘘の手渡し」の効果を上げることができます。そこで，今回はパームの基本として取りあげた四種類のパームの実行方法とそれを活用した「嘘の手渡し」の方法を説明することにいたします。

1 フィンガーパーム

　最も基本的な方法として，フィンガーパームを活用する方法から説明

を始めましょう。最初に観客から見たところをお示しします。テーブルに1枚のコインがあるとします。術者は右手でそのコインを取りあげます（写真1）。左手はまだ休んでいます。次に，左掌を上に向けて（写真2）右手のコインをそこに置きます（写真3）。

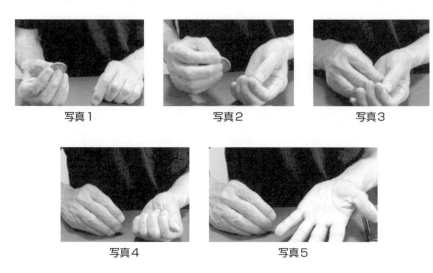

写真1　　　　　　　写真2　　　　　　　写真3

写真4　　　　　　　写真5

　そして，左手はそれを握って保持します（写真4）。
　以上が基本動作の流れです。ここまで来たら，コインを持っているはずの左手を広げるとそこにはコインがなく，コインが消えた印象を与えることができます（写真5）。
　ここにお示しした動きは，以下のご説明する三種類の「嘘の手渡し」においてもほぼ共通の基本的動作のイメージです。

　次に，術者が実際に舞台裏で何をするかを説明します。まず，右手の拇指と食指，中指でテーブルのコインを取りあげます（第6図）。このときの注意事項は右手だけで動作を行うという原則です。技法がやりやすいように左手で使ってその持ち方を調整するのは禁物です。これはすべての「嘘の手渡し」に共通の大切な注意点です。ここで指先のコイン

を観客によく見せます。次に右手がこのコインを左手に手渡す動作に入ります。最初は，左手は掌を下向きにしてテーブルに休んでいるはずですから，右手のコインが左手に近づいてくるのにタイミングを合わせて，左手の掌が上を向くように姿勢を変えて手を広げることにします（第7図）。

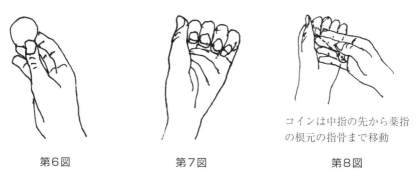

コインは中指の先から薬指の根元の指骨まで移動

第6図　　　　　　第7図　　　　　　第8図

　ただし，このとき左手は平皿のように平にするのではなく，指が軽く曲げられた姿勢が最も自然です。すると左手の指が一種の壁のような役割を演じてくれるので，その後ろで行われる秘密の動作が観客に見えないようになります。そこで，右手は指先のコインを左手の指の付け根のあたりに置く動作をします。ただし，本当にコインを置くのではなく，左手の拇指側の丘部でコインを右方向に押し，右拇指がコインの左端に来るようにしておいて，その拇指で指先のコインをさらに右に引いてコインの位置を変更します。どのように変更するのかと言うと，コインが中指の指先から薬指の手元の指骨のところに来るまでの移動です（第8図）。この動作は左手の指の陰で行われるので観客からは見えません。この動作の結果，コインは右手のフィンガーパームの位置におさまります。そうしたら，左手を握り，左方向に5～10cmくらい動かします（第9図）。その間に，コインの移動作業をした右手の拇指を中指の先のあたりまで戻しておくことが大切です。

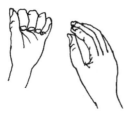

○ 軽く握る 強く握るのは不可 ×

第9図 第10図

このとき左手をぎゅっときつく握るのは禁物であり，指先が浮いているくらいに軽く握ることが肝腎です（第10図参照）。右手はフィンガーパームの自然な姿勢を保ちます。以上の動作を正しく実行すると，観客からはコインが右手から左手に手渡されたように見えますが，実際にはコインは右手にフィンガーパームされる結果となります。ここからは，そのまま左手を開けば，そこにはコインがないので，コインの消滅（Vanish）が演出されます。ただし，「嘘の手渡し」はコインの消滅だけに使うのではありません。消滅はその演出の一つにすぎません。

 クラシックパーム

次にクラシックパームを活用した「嘘の手渡し」を説明します。その方法は上記説明のフィンガーパームの場合とほとんど変わりません。ただし，クラシックパーム特有のむつかしさがあります。

コインを右手がテーブルから取りあげて示すところはフィンガーパームのときと変わりません。そして動作が違うのは観客の目から見ると上記写真3のところ，術者から見ると上記第8図の局面です。このとき，左手の指の陰で，右手が大切な仕事をします。それはコインから拇指を放し，中指，薬指でコインを保持しつつ，その2本の指を曲げて，指先でコインを右掌に強く押しつけることによってクラシックパームの位置にコインを持ってくることです（第11図）。

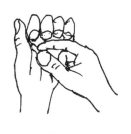

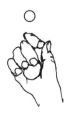

拇指を立てるのは不可！

第11図　　　　　　　　　　　　　第12図

　このとき本当は右拇指を立てるように伸ばすとパームが楽にできるの
ですが，それが観客に気づかれると秘密が露見しますから，あえて拇指
の先を食指の先に触れるくらいの位置に固定して，クラシックパームを
するのが望ましい作戦です（第12図）。左指のコインがうまくクラシッ
クパームできたら，上記第9図のように左手を5〜10cm程度左に動かし
ますが，このとき右手の中指，薬指を握りしめたままではいけません。
そのときには右手の指はリラックスしてある程度伸ばされていることが
大切です。すると最終的姿は第9図とほぼ同じになるでしょう。違うの
はパームされたコインの場所だけです。

3　ダウンズパーム

　ダウンズパームの場合も動作は似ています。ここでも，問題は第3図
第8図の局面です。ここでダウンズパームの場合には，左手の指の陰で
右手の食指を拇指の側に移動し，食指，中指の指先でコインを挟み持つ
ようにして，拇指を開放します（第13図）。そして食指，中指を丸めると，
コインは拇指に沿って移動し，最後は拇指の根元の又に当たる位置に到
達するでしょう（第14図）。

| 第13図 | 第14図 | 第15図 |

その位置にコインをとどめて，右手の指を伸ばせば，コインはおのず
とダウンズパームされます。左手がコインを受け取ったと見せて，それ
を左方向に5〜10cm移動させると第15図（真上から見たところ）のよう
な姿になるでしょう。

サムパーム

サムパームの場合にも，動作はダウンズパームと全く同じ動作で実行
することができます。コインを右手の食指，中指で挟み持ち，指を丸め
て第14図のところまで来たら，そこで，拇指の又でコインを90度捻るよ
うにすれば，コインはサムパームされて，第16図の姿になるでしょう。

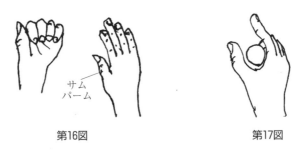

サム
パーム

| 第16図 | 第17図 |

なお，この方法は多くの奇術家がやっている方法ですが，筆者がお勧
めするのは次の方法です。それには第13図まで来たところで，コインが
右手の中指の指先に乗るようにします。そこからコインを水平に保ちつ

つ，食指を伸ばしたままで，中指を丸めます（第17図）。そして，中指をさらに曲げて，コインを拇指の又で挟むようにすれば，コインをサムパームすることができます。この方法の利点は右手の食指を曲げないですべての仕事がスムーズに実行できることであり，その方がより自然に見えます。

5 Retention Vanish

「嘘の手渡し」の研究に関しては，現代屈指のコイン奇術研究家として知られるDavid RothのRetention Vanishと呼ばれる方法の提案は特筆に値します。この名称においてもBoboと同様，観客から見た現象であるVanish（消滅）と命名していますが，その本質は筆者の定義するFake Passの一方法にほかなりません。Rothはこの技法の拠り所は「残像」であると説明していますが，このような技法の基本に「残像」があるということを指摘したのはさらに古く，1938年発行のGreater MagicでT. J. CrawfordとDai Vernonのコインバニッシュを論ずる際にも著者Hilliardは残像に言及しています。残像というのは一言でいうと，人間の目があるものを見たとき，そのイメージが心に残り，目に見えなくなってからもなお心に像が残っているという心理現象をさしています。Rothもその心理現象の活用がRetention Vanishでは大切だということを強調したのでした。

　このRetention Vanishと呼ぶFake Placementの方法も上記のパームを活用した方法と共通性が多いです。問題はやはり第8図の局面です。この右手が左手の指の陰に隠れたタイミングで右手のコインの持ち方が変更されます。そのときの指の動きですが，右手のコインが左手に近づいて来る場面ではコインは右手の拇指と食指，中指で持たれています（第18図）。

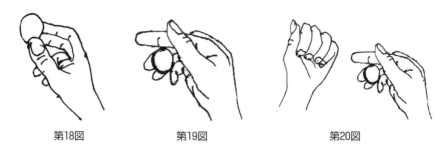

第18図   第19図   第20図

　そして，その指が左手の指の裏に隠れて，両手の小指同士が触れるく
らいになった瞬間に中指，薬指の先をやや丸めて，その指先にコインを
乗せてしまいます（第19図）。そうなったらば，もう右手の拇指と食指
はお役ご免です。この時の右手の姿が「パーム」の項で説明した「フィ
ンガーチップレスト」になっています。コインは中指，薬指の指先に
乗っています。そして，コインを握ったと見せかけた左手が左方向に5
～10cm動かされた後の姿は第20図のようになるでしょう。コインは右
手にフィンガーチップレスト状態で保持されたままであり，観客からは
コインが見えない位置になっています。

　この手法の優れたところは，この最後の状態から必要があれば次のス
テップの手続きとしてパームを切り替えて，フィンガーパーム，クラ
シックパーム，サムパーム，ダウンズパームなどに持ち変えることが可
能であるという点です。本章の第4項まででは，コインを直接パームの
位置に持って行く方法を追求しましたが，別法としてこのRetention
Vanishを使い，然る後に期を見てフィンガーチップレストから必要に
応じて他のパームに持ち方を切り変えるという作戦もありえるというこ
とになります。どちらの作戦がいいかはその時の状況次第で判断するの
がいいでしょう。

5 基本技法の2 「嘘の手渡し」

(Fake Pass)

　これまでに基本技法の「パーム」とそのパームを活用した「嘘の手渡し」を解説しましたが，今回は独立した技法としての「嘘の手渡し」の方法を厳選して解説いたします。

　「嘘の手渡し」については，近代コイン奇術の研究家がいろいろ優れた方法を開発して提案しています。その種類はいろいろですが，コインをもう一つの手にただ置く動作の場合にはその技法をFake Placementと呼ぶことができ，またコインを持ち，もう一方の手でそれを取りあげる場合にはFake Pick-upとかFake Liftと呼ぶことができるでしょう。さらには，コインを手から手に放る動作の場合にはその動作のニュアンスによってFake Toss, Fake Pitch, Fake Throw, Fake Dropなどと呼びたいというケースもあるでしょう。いろいろな方法の中から筆者がこれは大切にしたいという優れた方法を以下にご紹介することといたします。

　なお，この「嘘の手渡し」のような技法の場合には，「術者が何をするのか？」ということも大切ですが，それ以上に大切なのは，「それが観客からどう見えるか？」という点です。そこで，以下の解説では観客の目から見た姿を連続写真形式でご覧に入れ，肝心の秘密の動作の部分はイラストで説明するようにいたします。

1 基本的 Fake Pick-up

この方法は，誠に優れた方法ですが，意外なことに，あまり本に紹介されておりません。その方法をここに詳しくご説明いたします。

右手でテーブルのコインを取りあげると仮定しましょう。その動作では拇指と中指が主役です。取り上げたら，指が垂直になるようにしてコインを持って観客に示します（写真1）。

| 写真1 | 写真2 | 写真3 |

拇指が術者側，他の4本の指が観客側に位置しています。このときコインの表面がなるべく多く観客に見えていることが望ましいです。少なくとも表面の2／3くらいが観客から見ている方がいいでしょう。なお，このタイミングでは手の指の間が少しあいていてもいいと思います。さて，次にこのコインを左手が取りあげる動作を行います。そのためには左手は，コインの左側からコインに近づき，術者側の拇指と観客側の四指（小指は緩めておく）とでコインを摘まむ動作をいたします。このとき，左手の指がコインの観客側の面を覆う姿となります（写真2）。ここからがこの技法の大切なところです。左手の指がコインを隠しているタイミングで，右拇指のオサエを緩めます。するとコインは支えを失い引力の作用で真下に落下します。そして右手の中指の付け根あたりのフィンガーパームの位置に近いところで止まることでしょう（第1図）。このときは，右手の指の間の隙間はなくしておく必要があります。

およそ
フィンガー
パームの位置
第1図

そうしたら，左手はコインを指で摘まみ取っ
たようにふるまい，写真3の位置まで動かしま
す。この間，右手はほとんど動かない状態です。
最後には左手も右手も指先がやや斜め内側向き
になるのが自然だと思われます。

古典的Fake Pick-upの手法French Drop

　この技法はよく知られた古典的な技法であり，参考のためここにご紹
介しておきますが，実はあまりお勧めの方法ではありません。このフレ
ンチドロップという手法はコインが確かに反対に手に手渡されたという
錯覚が強いという特徴を持っています。しかし，コインの持ち方と取り
あげ方が仰々しいので，現代のコイン奇術研究家はこの技法を避ける傾
向にあります。この技法はコインでなく玉（たとえば紙玉）の場合には
自然な動作になります。

　この技法を実行するときには右手でコインをテーブルから取りあげる
としますと，右手だけで写真4の右手の姿を実現する必要があります。
ところがこの持ち方は普段は使わない持ち方であるため片手だけでその
動作を実行するのが結構たいへんなのです。そのため，右手で拾いあげ
たコインを左手を使ってその位置を調整する人や，あるいはコインを左
手で拾いあげてそれを右手に写真4のように置いてからこのフレンチド
ロップをしようとする人がよくありますが，それは絶対に避けなければ
なりません。その理由は，そのような動作をすると，その動作とフレン
チドロップそのものの右手のコインを左手に取るという動作とが理屈の
つかない動作の組み合わせになってしまうからです。

　写真4が出発点ですが，このとき，右手の拇指が上になり，四指が下

になっており，指先が観客の方を向いているという手の向きにご注目ください。そしてコインの表面は観客の方を向いています。

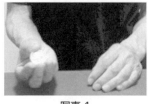  

| 写真4 | 写真5 | 写真6 |

　次に左手が右手のコインを取りに行きます。両手が一緒になるタイミングが写真5です。そして，左手はコインを摘まんで指先に持ち，それを左上に移動する動作をします。その結果が写真6です。写真6では，右手の拇指と中指の距離がコインを持っていた写真4と同じくらい開いたままであることにご注目ください。この写真4から写真6までの動きで，右手拇指と中指が挟み持っていたコインが見えなくなることで，コインが左手に取り去られたと観客は感ずるわけです。この技法の秘密は写真5の場面にあり，実はここで右手拇指の支えを外すのです。するとコインは支えを失ってパタンと倒れて中指薬指の第二指骨あたりに着地します（第2図）。

開いている。

第2図

　写真6の場面でも，コインはその位置にあるのですが，ちょうど指の陰になっていて観客からは見えないのです。なお，写真6の左手はコインを摘まんでいる姿ですが，筆者がどうしてもフレンチドロップをしろと言われたらこのようにしたいです。古典的にはこのとき左手でコインを握りしめて拳にするのが常道でした。その動作はさらに大げさだと思います。写真6くらいの姿勢の方がより自然と考えられます。

3 自然なFake Placement

次に取りあげる方法は，前回取りあげたRetention Vanishとほぼ同等の効果を実現します。そしてこの方法の方が易しいと思います。

写真7

写真8

写真9

まず，写真7，8，9を続けてみてください。写真7で右手指先が持っているコインが写真8で左手に手渡され，写真9ではコインを受け取った左拳は左側に構えていますね。この写真の7，8，9の過程で，コインが一直線に沿って観客の目からは右に移動することになるという点にご注目ください。そのため，コインをもはや手にしていないように見える右手と，コインを持って握りしめているように見える左手の写真9では，観客はコインが左手にあると信ずることになるわけです。この手法の場合にも秘密は写真8のタイミングにあります。右手のコインが左手に近づいてそのコインの先が軽くにぎりかけた左手の掌に肉に当たったらば，そのまま右手を左手に押しつけます。すると右手が持って

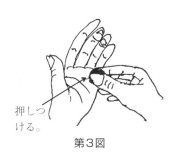

押しつける。

第3図

いたコインが押される結果，コインは指先から指の中に押しこまれることになります（第3図）。

そうしたらその流れに合わせて，左手を左に動かして写真9まで進みますが，右手は指先に持っているコインをそのままの姿勢で持ち続けているだけで十分な

33

のです。写真９の右手はまだコインを指先に持っていますが，それは観客の目には見えません。そして，後でチャンスを見てそれをフィンガーパームに変更するのは簡単でしょう。それは右手拇指のちょっとした仕事だけです。

 ## 4 Pinch Vanish

写真10　　　　　　　写真11　　　　　　　写真12

　この技法を常用している奇術家はあまり見かけませんが，大変優れた方法ですので，ぜひご研究いただきたいと思います。まず，テーブルからコインを取り上げた瞬間が写真10です。このコインの持ち方もあまり日常生活で用いる持ち方ではないので，両手を使いたくなるかもしれませんが，それは禁物です。右手だけで写真10の姿を実現しなければなりません。そして動作の流れは写真11でコインの左手への手渡し，それをさらに左手が握った姿が写真12です。秘密の動作は写真11のタイミングで行います。それはどういう動作かと言うと写真10でコインを挟み持っていた拇指と食指のうち食指のオサエを外すのです。するとまだ拇指が

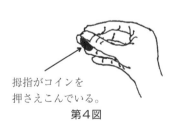

拇指がコインを
押さえこんでいる。
第4図

コインを押していますから，コインが90度回転してコインが拇指と食指に間にピタリと挟まる結果となります。この動きでコインが２本の指に挟まるのでこの技法がPinch Vanishと呼ばれるようになったのでしょう（第4図）。

　写真12では観客からコインは見えないのですが，実はそのとき右手の拇指と食指の間にコインが挟まっているのです。

5 Tenkai Fake Toss

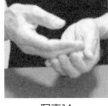

写真13　　　　　　　写真14　　　　　　写真15

　この技法を発明したのは日本を代表するプロ奇術師の石田天海師です。師は1953年にSix Tricks by Tenkaiにその方法を発表しておられます。何もケレン味のない自然な動作でコインが処理されます。筆者はすべてのFake Passの中でこれが一か二かというくらいに優れた技法だと認めております。J. N. HilliardやDavid Rothが強調した「残像」の活用という要素を超えている面があるのです。天海師が活用したのは「残像」ではなくコインがキラリと光って落ちていく映像なのでした。それではその作戦をご説明します。写真13のように前項のピンチバニッシュと同様，拇指と食指でコインを挟み持つところから始まります。繰り返しになりますが，この写真13の手は右手だけで作ります。左手の応援は禁物です。写真13から天海師はしばしば右手首を返してコインの裏を観客に見せる動作を愛用しておられました。その動作は必須ではありませんので，ここでは写真13からそのまま先に進むことにいたします。右手のコインを左手に手渡す目的で，いままで休んでいた左手が登場しますが，トスしたコインを受けるために左手は掌を上向きにしてお椀のような形にして待ちます。そして，右手が左手に近づきますが，右手の小指が左手の四

指の指先に触るくらいまで来たところで，右手拇指を放します。すると
コインがキラリと光って左手の掌に落ちるように見えます（写真14）。
ところがこのときコインは左手に落ちるのではなく，右手の中指と薬指
の第二指骨のところにパタンと倒れるだけになるのです。第5図が写真
14の裏舞台を示します。

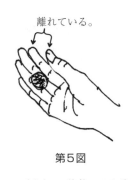

離れている。

第5図

ここまで来たら，左手を軽く握って少しだけ
左方向に動かします。写真15がその結果の姿で
す。なお，天海師の晩年には第5図におけるコ
インの位置を第5図の位置ではなく，中指の先
の肉に留めるフィンガーチップレストにしてい
るのをよく拝見しました。これはたいへん難し
い技であり，効果の差がさほど大きくないので，
筆者はここに解説した方法をお勧めいたします。

　以上の動作で両手全体はどういう動きになるかという点がこれまでし
ばしば議論の対象となりました。実はこの技法を学ぶとコインを放る
（Throw）ようにする人が多いのですが，筆者と一緒に天海師に師事し
ていた吉本氏は「天海は放る動作をせず，コインを引力に任せて落とす
ようにしていた印象である。」と発言しています。筆者の記憶では天海
師の動きはThrowではなくDropに近いTossという感じだったと認識し
ております。この辺りに興味がある方は残されている天海師の演技の映
像を探してご覧になるのがいいと思います。

　なお，最後に付記しますが，テーブルで演ずるクロースアップマジッ
クではこの技法の動作は写真13〜15で終わりでよろしいのですが，舞台
やパーティーで立って演技する場合には写真15まで来たら，次の瞬間に
は右手は力を完全に抜いて，引力に任せて手を脇にブランと下げておく
のが最善であるということを指摘しておきたいと思います。右手を腰の
高さくらいに構えたままにするのは不自然であり，右手が「何か持って
いる」という信号を無意識で発信していることになります。

6 カンガルー・コインズ
(Kangaroo Coins)

解 説　カンガルー・コインズは二十世紀を代表する大奇術研究家ダイ・バーノンが創作したコインマジックの傑作です。1946年にThe Stars of Magicで発表されましたが，その後，これをレパートリーにしている人はあまり見かけません。筆者はこれを愛好し，今日まで60年演じ続けています。難しい技法は何ひとつ使っていないのですが，実は，一段階一段階が全体的動作の巧みな作戦によって構成されているので，それを正しく実行するためには相当の熟練を要します。この手順は，近代奇術のミスディレクションのお手本のような作品であり，これがうまく演じられると，「なるほど，こういう動作をすると秘密の動作に気づかれないのか」ということを自ずと納得させられます。活用する手法は主にコインを密かに術者の膝に落とすラッピングと呼ばれる技法です。ラッピングは動作自体がやさしいので，安易に使っている奇術家が多いのですが，露骨にやるとすぐ発覚してしまいます。このバーノンの手順では，すべてのラッピングに巧妙なカバーの動作が用意されているので，見ていると奇術というよりは魔法のように見えます。ところで，筆者は原作に欠点がない場合には，原作通り演ずるのがベストと考えています。このバーノンの手順はそれを変えるべきという箇所は見当たりません。それほど完成度が高い作品です。

ただし，筆者が検討の上に検討を重ねた結果，若干修正している箇所があります。それ関してはその都度説明するようにします。

現　象　グラスを1個用いて，テーブルの上から，テーブルの下のグラスにコインが貫通する現象を4枚のコインで，4回実現します。同じ手法は二度と繰り返し使われることが無く，第一段から第四段まですべて違う手法が採用されています。では，以下にその現象を連続写真でご紹介いたします。

グラスと4枚のコインがある

コインを左手にのせる

右手でグラスをあらためる

右手はグラスをテーブルの下へ左手をテーブルに打ちつける

左は3枚となり，グラスに1枚ある

3枚を左手に放る

1枚をグラスにもどす

右手でグラスを振る

右手でグラスをテーブルの下へ左手をテーブルに打ちつける

左は2枚となる
右手でグラスの2枚を出す

グラスの左右にコインが2
枚ずつある

左右の手で2枚ずつを
拾いあげる

右手の2枚をグラスに戻
す

左手をテーブルに打ちつけ
る

グラスから3枚が登場する

グラスをテーブルに置く

最後の1枚を左手に取る

右手で3枚を拾いグラス
に戻す

グラスを揺する

左手のコインをテーブルに
押しつける

グラスから4枚を出す

コイン4枚：バーノンはハーフダラーを使っていたようです。

グラス：バーノンはオールドファッショングラスを使っています。ウィスキー好きのバーノンにふさわしいです。なおタンブラーもいいと思います。

1　まず，テーブルにコインを一列に並べます。その右側にグラスがあります。

2　右手を使って，4枚のコインを左手の掌に無造作に並べます。そして，このうちの1枚が左手を握って裏返す動作の間にラッピングされることになります。ラッピングのカバーは右手でグラスの中をよく見せる動作です。この第一段を成功させるためには，最初の左手の位置が大切です。それは左小指の根元がテーブルの端から2cmくらい前に進んだあたりの位置です。この位置を間違うと，後に左手が不自然な動きを強いられることになります。第1図はコイン4枚が左手に並べられたところです。

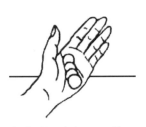

左手の位置が大切。3枚目を指で押さえ，4枚目がラッピングされる

第1図

このまま手を握りつつ，薬指先で向こうから3枚目のコインをおさえ，手首を180度回転させ，甲が上を向くようにします。すると，4枚目のコインが手の陰で自然に膝に落ちます。こうして，左手を握ったら，そのまま甲を上に向けて15〜20cm前方に移動して，そこの空中に握り拳を待機させるようにします（バーノンの原案では3枚目のコインを左手のクラシックパームのように保持するという作戦を提案していますが，ここに説明する薬指で3枚目を押さむ作戦の方がはるかに易しく，それでいて効果は変わりません）。

3　この左手を返して握るタイミングで，右手でグラスを取りあげ，そ

の口を観客の方に向けてそれが空であることを示します。術者は左手を握り始めたら視線をグラスに移してそれに注目し，そのグラスの方に右手をのばさなければならなりません。

4　グラスをよくあらためたら，ここから，右手はグラスをテーブルの下に運び，膝にあったコインを拾います。

5　左手をひらきながら，テーブルの上にコインをパシッとたたきつけます。

6　右手でコインをグラスに落としてチャリンと音を聞かせます。なお，左手がコインをテーブルにたたきつけるバンという音とテーブルの下でコインがグラスに落ちるチャリンという音とは一瞬（0.5秒程度）ずらす方が効果的です。

7　左手を開いてテーブルの上のコイン3枚を示し，右手はグラスをテーブルの上に持ってきて，1枚のコインがテーブルの上にこぼれ落ちるようにします。そして，グラスを右側に置きます。

方　法
第二段

8　第二段では，3枚のコインを右手で揃えて拾いあげて，それを左手に放り込んで左手を握る動作をします。ただし，実際には，コインを拾いあげたら，第2図のように拇指でコイン1枚を密かに引いておき，3枚と見せかけてコインを2枚だけが左手に放り込み左手を握ります。

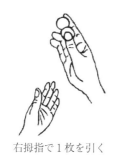

右拇指で1枚を引く

第2図

右手は1枚を第2指骨のフィンガーパームをしたままもう1枚を拾う

第3図

グラスを高く持って振る。フィンガーパームのコインは見えない

第4図

9　ここで，右手は拇指でコインを引き，フィンガーパームします。筆者の方法ではそのコインの位置は中指，薬指の第二指骨の位置に調整します。そして，第3図のように，そのフィンガーパームした手の拇指と食指でグラスから出てきたコインを拾いあげ，グラスに戻し入れます。さて，原案では，ここから右手の拇指をグラスの左側に当て，他の指をグラスの右側に当ててグラスを保持し，それを手前に引いてきてそれがテーブルの端をクリアする瞬間に，右手のフィンガーパームのコインを密かに膝に落とすという作戦を採用しています。筆者はこの第二段のラッピングの作戦だけはどうも手の動きが不自然になりやすいと感じました。そこで，第二段では，ラッピングを止めにして，コインを隠している右手で，第4図のように，グラスをやや高目に持ちあげて振るという動作を行い，観客に右掌が自然に空に見えるようにするという作戦をとることにした。このやり方はラムゼーサトルティと呼ばれる作戦ですが，その方がかえって動作全体がスムーズであり，あらためもそれで十分であると感じます。このダイ・バーノンのカンガルーコインの手順には欠点がほとんどなく，この個所以外には，筆者が原作を変えようと思ったところは一ヶ所もありません。

10　次に，左手でコインをテーブルにたたきつけ，右手でテーブルの下でコインをグラスに落としてチャリンという音をたててから右手でグラスをテーブルの上に出し，そのなかの2枚のコインをテーブルの上に出します。

方　法
第三段

11　今度は，グラスを中央に置きます。そして，左右にコインが2枚ずつ横に並べられた状態からことが始まります。この三段での作戦は，左右の手でコインを2枚ずつ取り，右手のコインをグラスに戻し，その間に左手のコイン1枚を密かにラッピングすることです。原典では，右手がコインを拾いあげる動作してから，左手がそれと同じことをすると解説しています

42

が，実際に演じてみると，左右の手の動きを同時進行に近くし，しか
もそれが微妙にずれるようにすると，右手の動作にまどわされて，左
手のラッピングが見事にカバーされることがわかります。音楽の方で
いうとオフビートとかシンコペーションという感触のタイムラグ作戦
です。左手が右手より半拍遅れて行動する感じが丁度よいと思います。
第5図から第10図までがその動作を連続図で示したものです。第11図
は第9図の左手を拡大した姿であり，外側（左）のコインがラッピン
グされる直前の状態を表わしています。

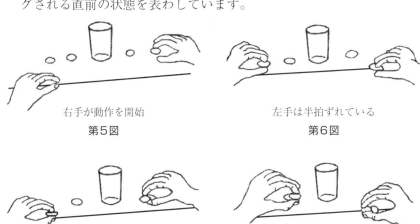

右手が動作を開始
第5図

左手は半拍ずれている
第6図

外側のコインの内側にずらせて重ねる
第7図

左手も同じ。外側のコインを内側のコイ
ンの内側に重ねる
第8図

左手の左側のコインは支えを失って膝に
落ちる。右手はコインをグラスに落とし
に行く
第9図

右手が2枚目のコインをグラスに落とす
ときは，左手はテーブル中央に戻ってい
る
第10図

12 右手が2枚のコインをグラス
   に戻したら，右手でグラスを
   持ってゆすり，テーブルの下に
   持っていきます。

13 左手がコインを一旦握り，そ
   れをテーブルにたたきつけ，右
   手はコインをひざから拾ってグ

第9図の左手の姿。左のコインがラッピ
ングされる

第11図

ラスに入れてチャリンと言わせ，それをテーブルの上に持ってくると
ころは，第一段，第二段と変わりません。第三段では，グラスからは
3枚のコインがテーブルの上に出てきます。さて，ここで，グラスを
何気なく左側に置くということが次の第四段の進行にとって大切な点
です。これは忘れてはなりません。

方 法
第四段

14 最後の第四段では，コインの消滅はコインが1枚し
かない状態で実行しなければなりません。実は，通常
この種の手順を構成しようとすると，この最後の1枚
の処理が技術的に最大の難所となります。ところがバーノンは誠に巧
妙な作戦を立案し，この困難を造作なく解決してしまいました。

　これほど露骨なラッピングがこれほど何の疑いも持たれずに実行
されるのは信じがたいことです。その巧妙なアイディアをとくと味
わっていただきたいと思います。

　まず，左側の最後のコイン1枚を左手で拾い，この手を握り拳にし
てテーブルの上に待機させます。このときの手の位置はテーブルの端
から10cmは離れていなければなりません。

15 そして，右手は第12図のように3枚のコインを拾いあげて掌の上に
   示します。

16 さて，ここで右手はコインをグラスに戻すために，左側に置いてあ
   るグラスの口の真上に持って来なければならないのですが，左手がそ

の動作の邪魔になる位置にあります。そこで，邪魔にならないように
右手の動作とタイミングを合わせて，第13図に示すように，無造作に
左手をテーブルの端まで引いて来ます。ここで，右手は堂々とゆっく
りと時間をかけて3枚のコインを1枚ずつグラスに戻します。その間
に左手はそっとコインを膝に落します。このとき，左手の指をなるべ
く動かさないようにすることが肝腎です。

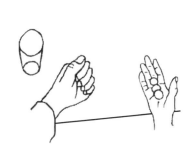

左手はコインを落とす準備済。右手はコ
イン3枚を拾う

第12図

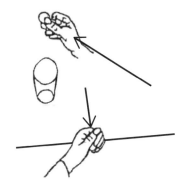

右手がグラスの上へ左手はじゃまだから
手前に引く

第13図

17 右手が仕事を終えたら，その
　 右手でグラスをつかみ，第14図
　 に示すように，再び元の位置に
　 戻ってきます。このときに，左
　 手もそれにあわせて向う方向に
　 移動し，元の位置に戻します。
　 そうしたら，右手はグラスをゆ
　 すってみせます。中でコインが
　 ジャラジャラというでしょう。

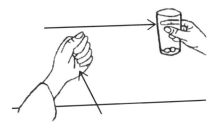

グラスを右に移動してゆする。左手は元
の位置に戻る

第14図

18 右手をテーブルの下に持って行き，ひざからコインを拾います。

19 最後に，左手をテーブルにたたきつけ，同時に右手のコインをテー

ブルの裏にたたきつけて下でコインをテーブルの下面にぶつけるように
して音を出します。そして，一瞬，間を置いてから，右手で持って
いるコインをグラスに落とし，チャリンという音を演出してから，グ
ラスをテーブルの上に持ってきます。

20　コインをグラスからテーブルの上に出すとコインが4枚であること
がわかります。

注1　ラッピングの準備

1　この手順を演じようとすると，コインが落ちてくる膝に何らかの準備が必
要ではないかという問題に必ず遭遇します。筆者の恩師である故高木重朗氏
は太った方だったので，両膝がくっつくように脚に少し力を入れるだけで，
両脚の間にコインを受け止めることができていました。ところが，筆者が同
じことをするとコインは両脚の間から床にチャリンとすべり落ちてしまいま
す。それは筆者が生来のやせだからです。

2　お勧めの方法の一つは，ズボンの一方の脚の部分の生地を引っ張って，反
対側の脚の部分にピッタリと重ねるという案です。ただし，最近流行の細め
のズボンでは，生地の幅がそれには足りないことがあるでしょう。

3　なお，密かに脚を組むと，両脚と腹の間に三角形の盆地か形成されるので，
そこにコインを落とすという作戦もありえます。この場合，盆地の大きさが
かなり限定されたサイズになるので，脚を動かしてコインを落とすところに
盆地の位置を調整する配慮が必要となるでしょう。

4　筆者はしばしば食卓に用意されるナプキンを膝の上に広げておくという作
戦を用います。ナプキンがない場合にはハンカチを代わりに用いるのも一策
です。ただし，このような準備をする場合には，ひざに何か置いたことが重
要なことであると観客に思われないように配慮する必要があります。

5　なお，日本座敷で和風のチャブ台で演ずる場合には，術者は座布団を敷き，
ほぼ正座の姿勢をとり，両膝をややひろげてコインが膝の間の座布団の上に
落ちるようにするのがよいと思います。これは楽です。

注2　コインの拾い方

1　膝におさまったコインを拾ってグラスに入れてチャリンと音をさせるの
も，あまりやさしい動作ではありません。グラスを両膝の間に挟めれば，コ
インを右手で拾ってグラスの中に落とすこともできるのですが，そうしよう
とすると，膝の間がだんだんに侵食されてきて，次のラッピングでコインが

転がって膝の間から床に落ちるというアクシデントに会うこともありえます。だからグラスを膝にはさむのは必ずしも賢い方法とは言えません。

2　密かにグラスを，中のコインが滑り出さない範囲で，なるべく横向きに近い角度に傾けてひざに置き，その口からコインを放り込むという案もあります。これはなかなかいい方法です。

3　なお，筆者はグラスを右手で持ち，テーブルの下に持っていったら，グラスを中指，薬指，小指の3本でささえ，拇指と食指を遊ばせておいて，その2本でコインを拾い，然る後に，グラスの中に落とすというような工夫をしたりしています。ただし，この場合，グラスが横を向いて中のコインが飛び出すリスクがあるので注意が必要です。

4　なお，テーブルの下での右手の動きが観客から目立たないようにするための常用のテクニックは右腕の上腕部をテーブルの端にピタリとつけてしまい，下椀部を左方向から手前に向かって時計と反対方向に回転させて膝の上の作業を実行するという手法です。右手の動作が気になる場合にはこのテクニックを活用するのがよいと思います。

フラリッシュ

　奇術の演出にしばしば用いられる手法に，不思議ではないが，たいへん困難に見える曲芸的な芸を見せるものがあります。分類的にはマジックではなく曲芸ですが，それをフラリッシュと総称します。コインを用いるフラッリッシュを幾つかご紹介してみましょう。やりかたやそのコツの解説は省略し，どういう外見かだけお示しします。

1　コインロール

　写真1のようにコインを手の甲の指の上に乗せて，食指から中指へ，中指から薬指へ，薬指から小指へとコインをくるくると回転させつつ移動する芸です。左右の手で練習し，さらに凝ると小指側から食指の方にコインを逆方向に移動することもできます。

写真1

2　コインスター

　これは両手の5本の指の間にコインを挟んで示す芸です（写真2）。5枚のコインを重ね持ち，一瞬でこのスターを作り，それを良く見せてからシルクハットに1枚ずつ落とすというような見せ方で奇術に準ずる芸として見せることもできます。

写真2

3　ロールオーバー

　片手の拇指と食指の間に4枚のコインを重ねて持ち，そこからその手の指だけでコインを5本の指の間に移動して示すという芸です。コインが指と直角の角度を保ち続ける必要があるので，慣れるまでに相当の練習を要します（写真3）。

写真3

7 金 と 銀

(Gold and Silver)

解　説　　コイン奇術の巧妙な技法に中国人から伝えられたとされるハンピンチェンムーブと呼ばれる手法があります。20世紀に至り，名人ダイ・バーノンとトーニ・スライディニがこの手法を活用した近代的な手順を発表しました。バーノンはそれをA Chinese Classicと呼び，スライディニはSix Silver Coins and a Pennyと呼びました。その二つの手順は演技スタイルを別にすれば，ほとんど同じ内容であると言っても過言ではありません。この作品により素朴なハンピンチェンムーブが洗練された近代奇術に姿を変えたのです。ところが，筆者はあるとき，その手順の中に，「できることなら避けたい個所」があることに気づいたのでした。

　それはどういう個所かというと，最初に左右の手にコインを3枚ずつ持ち，その両手をわざとぶつけるという怪しい動作をしてみせる手続きのところです。それは見ていて怪しい動作なのですが，実際には何もしないのです。参考のためバーノンとスライディニの手順解説の原本のその個所を次頁（写真）に紹介しておきます。

49

STAGE 3. Now you make a feint by bringing both hands together quickly so that they just touch, then move apart again, just as if you were doing some manipulative movement. Actually no trickery is involved, but you look at one of the spectators and say : "Which hand contains the ring?" if he names the right hand, ask him if he would be willing to wager and, usually, he will be doubt-ful. His answer is immaterial, as what you have done is to provide an excuse to say : "I want you all to be quite certain of the position of the coins and the ring" before I proceed

PHOTOGRAPH 5. Close the left hand, turn it back up and shake it to make the coins jingle, then very quickly bring both hands together and apart again, dropping the right hand below the level of the table and holding the left hand high to the left. Although no trickery is involved this is a suspicious looking move which puts a doubt into the minds of the spectators. With the left hand held high say, "Do you know what I'm going to do? I'm going to take these three coins (shake the left hand but do not let the coins jingle) and I'm going to drop them through the table (bring the left hand down and rest it on the table top) ...."

The Vernon Book of Magic より

The Magic of stydini より

　なぜ，こんなことをするのかというと，それは，その直後に両手のコインをあらためる理由を作るためです。それでは，なぜ，そこで両手のコインをあらためなければならないのか？それはそのコインのあらための動作がないとハンピンチェンムーブを実行できないからです。しかし，よく考えてみると，このことは術者サイドの台所事情であって，観客側には関係がないことです。

　そこで，筆者は，1970年にこの不自然な動作を取り去る方法を開発したのでした。当時，この解決案をニューヨークでバーノンの愛弟子であるパーシ・ダイヤコニスに見せたところ，合理的だと絶賛されました。それは，３枚の銀貨と一緒に使われる１枚の金貨だけがテーブルを貫通

するという奇術を最初に見せる手順構成によって，握り拳をぶつけるという怪しい動作を除去するというアイディアだったからです。

なお，バーノンとスライディニの手順は二段構成ですが，ここに解説する金と銀の手順は四段構成になっており，その流れが全体にストーリー性のある楽しい演出になっています。筆者はしばしばアンコールの第四段Bアンコールもつけ加えて演じております。

効　果	1　まず6枚の銀貨と1枚の金貨が紹介されます。イントロダクションとして銀貨がテーブル貫通する奇術の瞬間芸を見せます。

2　そして「銀貨は金貨が一緒だと仕事をいやがる」という奇妙な話をして，両手に銀貨を3枚ずつ持ち，左手に金貨を加えてコインをテーブルに貫通させようとしますが，なるほど金貨しか仕事をしません。そして金貨が居ないと銀貨が仕事をすることを確かめます。

コイン7枚をHの字に並べる

左右の手に銀貨3枚を持つ

金貨を左手に取る

右手をテーブルの下に

左手をテーブルに叩きつける

金貨がなくなっている

左手で銀貨3枚を取る

左手を握る

右手を伏せる

右手でコインを拾う

銀貨3枚と金貨がある

右手テーブルの下に

左手をテーブルに叩きつける

左手を開ける

右手から7枚が登場する

3　銀貨を両手の3枚ずつ持ち，今度は金貨を最初から右手に持ちます。すると左手の銀貨はすぐ仕事をします。

金貨は右手に両手を拳にする

左手を開ける

左手で銀貨3枚を持つ

右手を開ける

右手で金貨と銀貨3枚を持つ

右手をテーブルの下に

左手をテーブルに叩きつける

右手から7枚が登場する

4 次に，紛らわしい金貨を取り除き，銀貨を３枚ずつ両手に持ってトライすると簡単に銀貨がテーブルを貫通します。

銀貨３枚を左右の手に持つ

左手を開ける

左手に銀貨３枚を握る

右手を開ける

右手に銀貨３枚を持つ

右手をテーブルの下に

左手をテーブルに叩きつける

右手からコイン６枚が登場

5 「両手をテーブルの上で演じろ」というリクエストがよくあるので,
やってみると宣言します。すると銀貨3枚が左手から右手に飛行しま
す。

両手に銀貨を3枚持つ

左手を開ける

銀貨3枚を左手に握る

右手を開く

右手で銀貨3枚を取る

両手をゆする

左手を開く

右手で7枚を出して見せる

用具　　使うのは銀貨6枚と金貨1枚です。バーノンはロンド
ンで英国のハーフクラウン貨(2シリング6ペンス)とリ
ングを用いて演じています。スライディニはアメリカの

1弗銀貨と銅貨（英国の旧ペニー貨）を用いています。筆者が愛用するのは1964年発行のオリンピック千円銀貨と模造金貨です。

方法 第一段

第一段のプロットは次のとおりです。まず，銀貨がテーブルを貫通する芸をデモンストレーションします。ついで左右の手に銀貨を3枚ずつ持ち，さらに左手にだけ金貨を1枚持ちます。左手をテーブルに打ちつけると金貨だけがテーブルを貫通します。次に続けて左手をテーブルに打ちつけると今度は銀貨3枚がテーブルを貫通します。

1　まず，銀貨6枚と金貨1枚をテーブルに登場させます。

2　第一段では最初に銀貨1枚だけがテーブルを貫通するというプロローグを用意しました。まず銀貨1枚を右手で取りあげて，それを基本技法フェイクパスの手法を用いて左手に手渡したように振る舞います。どのフェイクパスを使うかは好みの問題です。そうしたら，右手をテーブルの下に回します。次に左手を，コインを持っているふりして拳に握りしめ，それを開きながらテーブルに叩きつける動作をします。このとき本来ならパチンと音がするところですが，実は左手は空ですから音が出ません。そこで，代わりにタイミングを合わせて右手でコインをテーブルの裏面に叩きつけて，それらしい音を立てるようにします。そして，左手を返してそれが空であることを示し，右手でコインをテーブルの上に放りだします。以上の動作によって「銀貨1枚がテーブルを貫通した」という瞬間芸が演出されます。

3　「ご覧のように銀貨がテーブルを通りすぎましたが，銀貨は金貨と一緒でない限り，このように喜んで仕事をいたします。ところが銀貨は金貨と一緒になると，出演料が不公平だと文句を言い，仕事をさぼることがあります。そのことをご覧に入れましょう。」と言います。

4　コインをテーブルの上にHの字のように並べます。すなわち，左右の縦のストロークが各々3枚の銀貨であり真ん中の横のストロークの

位置が金貨です（第1図）。

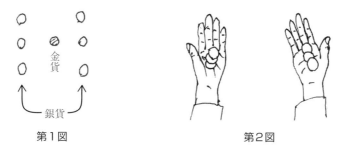

第1図　　　　　　　　　　第2図

5　ここで左右の手で銀貨3枚ずつを拾いあげて掌の上にのせてそれを
　よく見せます（第2図）。そして両手をそのまま握り，拳にします。

6　次に拳の左手の拇指と食指で真ん中の金貨を拾いあげて，それを左
　手に銀貨と一緒に握ります。ただし，観客に気づかれないようにその
　金貨は左手のサムパームの位置に持つようにします。

7　「いま，この左手に金貨を持ちましたが，同じ手に銀貨が3枚あり
　ます。そして，このように金貨と一緒になった銀貨はご機嫌が悪くな
　り仕事を拒否します。よくご覧ください。」と言い，右手をテーブル
　の下に入れます。ここから右手は忙しいです。まず，持っている3枚
　の銀貨を膝の上にそっと置きます。そうしたら，右手の上腕部をテー
　ブルの手前端にピッタリつけておい
　て，そこを軸に下腕部を時計と反対
　方向に90度近く回転させて右手が
　テーブルの手前端の手前に位置する
　ようにして，手をしゃもじのように
　して待ち構えます。このとき右手が
　観客に見えることのないように注意
　が必要です（第3図）。

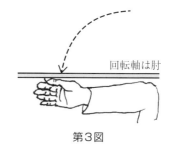

回転軸は肘

第3図

8　ここで左手の拳の甲が上を向くように回転し，手を開いてそれを
　テーブルに叩きつけるようにします。すると銀貨3枚は手から解放さ

れますが，金貨はサムパームされたままの状態になります（第4図）。

9 ここで観客に左手の下がどうなっ
ているかを見せる必要があります。
そこで，銀貨3枚を見せる目的で左
手を手前に引き，サムパームされた
金貨がしゃもじのように構えた右手
の真上に来るようにします。そして，
左手のサムパームを緩めます。する
と金貨は右手に渡ります（第5図）。

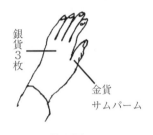

銀貨3枚

金貨
サムパーム

第4図

10 ここでグズグズしてはなりません。右手は直ちに元のテーブルの下
に戻り，そこから拳にしてテーブルの上に出すようにします。

第5図

第6図

11 同時に，左手は元の位置に戻り，そこにある銀貨3枚を拾いあげま
す。そしてそれを掌の上でよく見せます（第6図）。

12 「金貨はご機嫌よく仕事をしてテーブルを通り抜けましたが，この
ように銀貨3枚はふてくされて仕事をさぼっています」と説明します。

13 ここで左手を軽めに握りしめて拳にして，それをテーブルの真ん中
あたりに位置させます。拇指が上，他の指は右側を向いています。一
方右手は金貨だけを握っていますが，左手の右20cmくらいの位置に構
えます。拇指が上向き，他の指は左側向きです（第7図）。

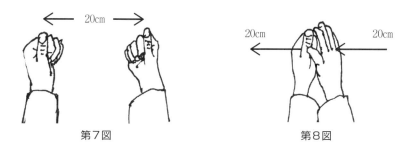

第7図   第8図

14 　いよいよハンピンチェンムーブです。ここではハンドリングにバーノンご推奨の方法を活用します。では，ハンピンチェンの動作を詳しく説明します。まず，右手が動き始めます。右手はそのまま左に動き，左手に触りそうなところまで来ます。そして，左手ですが，指の握りを緩めて銀貨3枚が拳の小指側からテーブルに落ちるようにしむけ，空のまま握ったその手を左に20cmくらい移動します（第8図）。そして右手は手を開き，持っていた金貨を左手から出た銀貨の上にかぶせるようにします（第9図）。

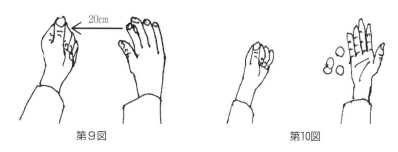

第9図   第10図

15 　ここまで来たら，右手を右にどけて掌を上向きにします（第10図）。これでハンピンチェン作戦は終わりです。観客の目から見ると，術者の左手は銀貨3枚を握りしめたまま術者の左寄りにあり，右手から銀貨3枚（もともと右手が持っていたもの）と金貨を出したように認識します。

16 　ここからは第一段の仕上げです。右手で銀貨3枚と金貨を拾い，握

りしめてテーブルの下に持っていきます。そこで密かに保存していた銀貨3枚も静かに取り，合計7枚を握りしめます。

17　左手をやや持ち上げて「さて金貨が仕事をして右手に行ってしまいましたので，この残る銀貨3枚はもうご機嫌が悪くありません。今度は仕事をすると思います」と言います。

18　左手を開きながらその掌をテーブルに叩きつけます。このとき音が必要ですから，右手で持っているコイン7枚をテーブルの下面に叩きつけるようにします。

19　左手の手の掌を上に向くようにして空であることを示します。そうしたら，右手の拳をテーブルの上に持ってきて，持っている7枚のコインがザラザラとテーブルに出てくるようにします。これで3枚の銀貨がテーブルを通り過ぎた演技が実現します。

| 方　法 第二段 | 第二段では，金貨が居ないと銀貨が喜んで仕事をするところをお見せします。なお，この「金と銀」の第一段と第二段の連鎖はバーノン，スライデイニの手順の二つ |

の段をたまたま逆にしたような構成で効果をあげています。

20　コインを最初のHの字のように並べます。

21　今度はまず最初に右手で金貨を取りあげて握ります。「今度は最初から金貨を右手に取ります」と言います。

22　続けて，左右3枚ずつの銀貨を左手，右手で取りあげて握ります。ただし，ここでは右手が取りあげた銀貨3枚をそのままサムパームして保持します（第11図）。

23　「さあ，今回は金貨が右手にありますから，左手の銀貨には何も不満がありません」と言い，握った左手をあけて銀貨3枚をテーブルの上に示します（第12図）。このときの左手の動きは第一段のときの動作に準ずる動作でいいと思います。その動作に合わせて右手はやや右に引くのがいいでしょう。

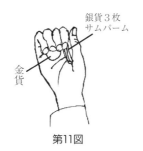

銀貨3枚
サムパーム

金貨

第11図

第12図

24　左手で3枚の銀貨を再び拾いあげて軽く握り閉めます。

25　左拳がテーブルの中央付近にあり，右拳はその約20cm右に位置しています。拇指が上向き他の指が内側を向いています（第7図参照）。

26　ここからがハンピンチェンムーブです。始動するのは右手であり，まず左拳に近づきます。そこで左手は握りを緩めて3枚の銀貨がテーブルの落ちるようにしむけ，そのまま左に20cm移動します。一方右手は手を開き，左手が落とした3枚の銀貨の上にかぶせて，右手がそれを覆うようになります（第7，8，9図参照）。銀貨3枚はサムパームされたままにします。すると左からの3枚の銀貨と右からの金貨がテーブルに落ちます。ここの過程は，観客から見たところは第一段と全く同じです。違うのは観客から見えない舞台裏だけです。

27　右手をそのまま右に移動して，テーブルの銀貨3枚と金貨との4枚がよく見えるようにします（第13図）。

第13図

第14図

28　ここで右手はテーブルの４枚のコインを拾いあげるのですが，この動作で大切なコツは右手の食指を使わず，中指と拇指だけでコインを拾いあげるということです。それが自然な動作に見えるための秘訣です（第14図）。

29　右手はいまや７枚のコインを持っていますが，そのままテーブルの下に回します。左手をやや持ちあげて，「今度は銀貨３枚がご機嫌よく仕事をするでしょう」と言い，その手を開いて掌をテーブルに叩きつけます。このとき右手はコインをテーブルの裏面にぶつけるのがいいでしょう。そうするとそれらしい音がします。

30　左手を返して掌を上にしてそれが空であることを示します。

31　右手をテーブルの上に出してきて，コイン７枚をジャラジャラとテーブルに出します。

方　法
第三段

　第三段では金貨を除外して同じ演技をします。ここで使われるテクニックはバーノン，スライディニの手順に登場しない独特の手法です。そしてここでは左右の手が近づくことはありません。したがって，観客は第一段二段で怪しいと感じていた要素が第三段で否定されるため，その疑いが晴れるようになります。

32　コイン７枚をＨの字状に並べます。「ご覧になっていて，金貨の存在が紛らわしいという方がときどきおられますので，金貨を取り除いてやってみましょう」と言い，真ん中の金貨を右手で取り，テーブルの右脇にどかします。

33　銀貨を左右の手に３枚ずつ取り，それぞれを握り，テーブルの左右に構えます。拇指が上向きで，他の指は内側を向いている状態です（第７図参照）。

34　ここで「金貨は取り除きましたが，この左手は銀貨を何枚持っていますか」と聞きます。観客は「３枚」と応えるでしょう。

35 そこで左手の拳をそのままテーブルの
中央付近に持ってきて手を開きます。銀
貨3枚がテーブルに落ちてジャラジャラ
と音をたてます（第15図）。

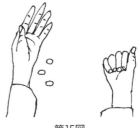

36 「確かに3枚です。」と言い，左下で銀
貨3枚を拾いあげて軽く握ります。

第15図

37 次の動作が大切です。右手をテーブル
の中央付近に持ってきて手を開きますが，そのタイミングで左手を
テーブルの端まで引き，握りを緩めて銀貨3枚を膝に落とします（第
16図）。本来，銀貨3枚をテーブルから膝に落とすと大きな音がして
その秘密がばれますが，この場面では右手からのコインのテーブル上
の音が大きいので，その雑音がかき消されてしまいます。このような
直接的な方法で複数のコインをラッピングする技法はあまりやってい
る人を見かけません。

38 右手で落とした銀貨3枚を拾いあげて掌の上にのせて見せ，「右手に
も3枚の銀貨があります。」と説明します。このタイミングでは左手
の拳はテーブルの中央近くまで戻しておきます（第17図）。

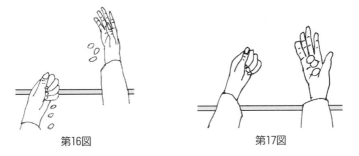

第16図　　　　　　　　　第17図

39 右手をテーブルの下に運びます。

40 左の拳を開きつつ掌をテーブルに叩きつけます。音は右手がテーブ
ルの下で作るのがいいと思います。

41 左手を返し，掌を見せてその手が空であることを示します。

42 右手をテーブルの上に出し，コイン6枚がテーブルの上に投げ出されるようにします。

方　法
第四段A
　　　　この段では，コインがテーブルを通過するのでなくテーブルの上で手から手にコインが飛行する演出を実現します。この段で用いる技法は筆者特有のハンピンチェンムーブです。

43 「この奇術を演じていると『手がテーブルの下に行くのでそこが気になる。すべてをテーブルの上でやってほしい！』という人があります。これは難しい要求ですが，やってみましょう」と言います。

44 左手に銀貨3枚，右手の銀貨3枚を取りあげてそれを握りしめて拳にして，テーブルの左右に位置させます。拇指が上向きで他の指は内側を向いています。このとき右手だけは3枚の銀貨をサムパームの位置に保持します。

45 まず，左拳をテーブルの中央あたりに持ってきて，7cmくらいの高さで甲を上にして手を開きます。すると銀貨3枚がテーブルに落ちます（第18図）。それを見て「左手は3枚です」と言います。

46 左手で銀貨3枚を拾いあげて，握ります。ただし，密かに3枚を左手四指の爪と拇指の根元の肉に挟み持つようにします（第19図）。このことを観客は知りません。なお，左手は甲を上に向けています。

第18図

第19図

47 ここで，両手が仕事をします。すなわち，左手は保持していた3枚の銀貨を放し，3枚がテーブルに落ちるようにしむけ，その拳を左方向に20cm移動します。そして同時に右手は甲を上向きにして7cmくらいの高さを保ちつつ，左の

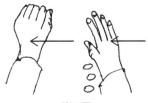

第20図

手のコインが落ちた位置まで移動して，手を開きます（第20図）。すると右手のコインはサムパームされたままですので，観客は3枚の銀貨は右手の3枚だと誤認します。

48 「右手も3枚です」と言います。そして，右手で3枚の銀貨を持って握ります。このときも右手はコインをサムパームしていますから，テーブルのコインを拾いあげるのに拇指と中指を使うようにします。食指を使うのは禁物です。そして，この動作のとき左手は180度回転し，甲が下向きになるようにします（第21図）。

49 両手を左右に離して握り，「では，コインを手から手に飛行させましょう。」と言い，両手の握りを一瞬緩めて次の瞬間強く握りしめます。すると右手の中で「ジャラ」と音がするでしょう。

50 最後に左手を開きそれが空であることを示し，然る後に右手を開いて銀貨6枚がテーブルに登場するようにします（第22図）。

第21図　　　　　　　　　　　　　　　　第22図

　筆者が当初企画した標準的手順は第四段Aまでの4段構成でしたが，アンコール用にもう一段を用意しました。それはギャロの創案によるギャロピッチと呼ばれるユニークな技法を活用する演技です。ギャロピッチは独立したオリジナルな技法と考えている人も多いですが，筆者はこの技法はハンピンチェンムーブの一種であると認識しております。ただし，見た目が通常の動作と違う印象なので，ここで使うのも悪くないと考えた次第です。その後，アンコールが好評なので，これも正規の手順に含ませることにしました。その場合，第三段のあとで，この第四段Bを演じ，「アンコールにお応えしてもう一度だけやります」と宣言して，第四段Aを演ずるのを標準にすることにしました。

51　ギャロピッチではテーブルの正面に大きな正方形を想定し，その対角線であるX字に沿って動作を行います。説明上の便で，正方形の左下をA，右下をB，左上をC，右上をDとし，対角線AD，BCの交点をOとしましょう（第23図）。

52　この手法を使う場合も最初に銀貨6枚を示し，左手に3枚，右手に3枚を取りあげて拳にするところまでは他の方法と変わりません。ただし，右手の3枚は密かにサムパームで保持して手を握ります。

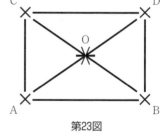

第23図

53　ここで「コインをテーブルに出すときには，クロスして動作する必要があります」と言い，その例示として左拳をAからDに，続けて右拳をBからCに動かしてみせます。

54　ここからがギャロピッチの基本動作です。まず，左手の拳の甲を上に向けた姿勢のままAからOまで動かして手を開きます。すると銀貨3枚がOとDの間に落ちることになるでしょう（第24図）。

55　そうしたら，左手の掌を見せてそれが空であることを示してから，

その手でテーブルの3枚の銀貨を拾いあげて握ります。このときにコインを普通に握らないで、密かに3枚を拳の拇指と食指に挟んで保持することが大切です。このコインの持ち方をギャロは「フリズビーグリップ」と呼びます（第25図）。

　そして、その左手をAの位置に戻します。甲が上を向いています。

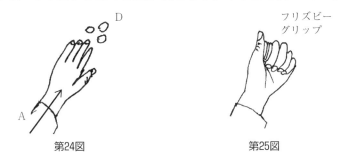

第24図　　　　　　　　　　　　　第25図

56　ここからがギャロピッチです。原案では左拳をO点に構えますが、筆者はA点から始める方が自然だと考えております。左拳の甲を上に向けたままA点からO点まで運びます。そして、右手はやはり甲を上に向けたままB点からO点まで移動してそこで指を伸ばします。そのタイミングで、左拳を手首から逆時計方向に180度回転させて、O点からややC点寄りのところで拇指の握りを緩めます。するとフリズビーグリップしていた銀貨3枚がC点の方向に投げ出されます（第26図）。このとき、右手の保持していた銀貨3枚はサムパームされて下向きになっていますから、見ている観客は銀貨3枚が右手から放られたと認識します。左手は甲を下にしたままさらに左に移動し、右拳との距離を保つことが肝腎です。

57　ここで左手をさらに左に移動し、右手でテーブルの上の3枚の銀貨を拾いあげますが、このときも使うのは右拇指と中指であり、食指を使うのは禁物です。

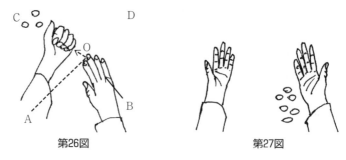

第26図　　　　　　　　第27図

58　両手を拳にして左右に距離を保ち，「ワン，ツー，スリー」の号令
　で握りをゆるめてからギュッと握りしめます。そしておもむろに左手
　を開くとそれは空であり，続いて右手を開くと6枚の銀貨が登場しま
　す（第27図）。

8 コイン・スルー・ザ・テーブル　第一部

(Coin Through the Table　Part One)

解　説

　　　コインがテーブルの上から下に貫通するという現象の奇術を総称して，コイン・スルー・ザ・テーブルと呼びます。そのようなコイン奇術については，多くの奇術家がそれぞれの方法で手順を構成して発表しています。極端にいうと，コイン奇術研究家の数だけ，手順があると言っても過言ではありません。筆者はこの現象を表現するのに，最も自然な動作で，最も不思議に見えるようにするためにはどのように手順を構成するべきかというテーマに取り組み，ほぼ60年になります。いわばライフワークのテーマとも言えます。石田天海師が「氣賀君の手順は私が見ても不思議に見えてしかも種が全然わからない。今までこういう手順は見たことがない。」とお褒めのことばをくださったのが1964年頃でした。1969年にアメリカ留学した頃は，いつも請われるとこの手順を演じていましたが，どこでも好評でした。バーノンの愛弟子のパーシー・ダイアコニス氏がその手順を見たとき「アンネマンの方法ですね。」とつぶやきましたが，それはエキストラコインを使う手のことです。筆者はエキストラコイン活用の研究をしたことはあまりありませんが，それが悪いと思っているわけではありません。一言でいうとこの手順は筆者がオリジナルを主張するために構成した手順ではなく，これが最善と自負する自慢の手順です。

69

効　果	まず，この奇術がどういう風に見えるかを連続写真で ご紹介します。

コイン4枚がある

コインを一つずつ取りあげて

左手に手渡す

左手をテーブルに叩きつける

左には3枚しかない

テーブルの下から1枚出てくる

左に3枚，右に1枚を持つ

左手をテーブルに叩きつける

左には2枚しかない

左に2枚，右に2枚ある

左手を握り

テーブルに叩きつける（チャリン！）

70

左が1枚になる

左に1枚あり

右には3枚ある

左の最後の1枚でテーブル
を叩く

テーブルの下から4枚が出て
くる

用 具　銀貨を4枚用います。標準的なのはアメリカのハーフ
ダラーであり，大きい方がいい場合には1弗銀貨でも演
技が可能です。筆者がもっぱら愛用しているのは1964年
の東京オリンピック銀貨です。

　用いるのは銀貨4枚です。ほかに特段の準備は要りません。ただし，
レストランなどで提供されるテーブルナプキンがあるときはそれを膝に
かけておくと具合がいいです。それがないときはハンカチでも代用がで
きるでしょう。それはラッピングと呼ばれるコインを密かに膝に落とす
技法に有用です。

方 法
第一段

1　テーブルに銀貨を横一列に並べて示します。両手は
空です。コインの位置はテーブの端から数センチ離れ
ているくらいがいいでしょう（第1図）。

2　一番右のコインに右手の指をかけますが，その拇指をコインの手前
端，中指をコインの向こう端に当ててコインを持つようにします。食

指はコインの上面に添えられています。薬指と小指はコインに触っていません（第2図）。

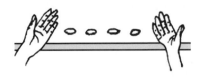

第1図

第2図

このとき大切なことは，右手の小指側の掌の肉がテーブルについているということです。この手が浮いていると，以下の秘密の動作が露見します。

第3図

3　さて，右手で第一のコインを持ちあげて，それを第二のコインの上に重ねるのですが，このとき，二つのコインをぴったり合わせないで，第一のコインが第二のコインの左側にずれて重ねられるようにします。そのずれはコイン半分の長さで十分でしょう（第3図）。

4　次に，右手で2枚のコインを持ちあげて第三のコインに重ねるようにみせかけるのですが，実際には右手は第一のコインだけを持ちあげて，第二のコインは元の位置に残したままにします。このとき第一のコインは第三のコインにピッタリ合わせてかまいません。

5　次が最後ですが，右手は第一第三のコインを重ねて持ちあげて左に運び，それを一番左に位置していた第四のコインの上に重ねます。このときも3枚のコインはぴったり重ねていいのです。さて，ここまでの動作で第二のコインは一体どうなっているのでしょうか。先に注記したように右手の小指側の肉がテーブルについているという条件を満たすならば，その第二のコインは，指先が3枚のコインを持っている

右手の手首に近い掌の部分に隠されていることになるはずです。しかもそのコインは右手の掌で斜めに押されて来たので，多分テーブルの端にかなり近い位置にいるはずです。そこで，右手で3枚のコインを持ちあげつつ，右手の手首から先を時計方向に回転させるように配慮すると，隠れていたコインが右手の掌で掃われて自ずと膝に落ちることになるでしょう（第4図）。

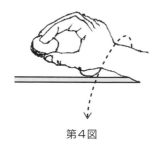

第4図 第5図

6 そうしたら，右手をさらに持ちあげて，持っているコインを全部左手に放りこむようにします。掌を上向きにしていた左手がコイン（3枚）を受け取り，握ります。

7 第一段の最後です。空の右手の掌を上向きにして指を開き，その食指でテーブルの中央あたりを触りながら，「テーブルの弱いところを探します」と言います（第5図）。左手を拳にして，テーブルのそのあたりをコンコンと叩きます。

8 そしてやがて決心がついたように，右手をテーブルに下に運び，左手の拳を開きつつその掌をテーブルに叩きつけます。

9 左手を持ちあげて，手を開き，掌を上向きにします。観客からはテーブルの上のコインが3枚しかないことが見えます。

10 右手はテーブルの下で膝にあったコインを拾い，それをテーブルの上に出します。

なお，コインを右手で取りあげて，左手に手渡すという動作はこの第一段ではごく自然な動作に見えます。しかし，第二段以降ではこの

ようなコインの手渡しはしないという配慮が筆者のこだわりです。というのは，コインを手渡す動作をすればコインのコントロールが如何様にも可能になってしまうからなのです。

<table>
<tr><td>方　法
第二段</td></tr>
</table>

11　さて，第一段が終わると，テーブルの左に3枚，右に1枚のコインがあります。そこでまず左手で3枚のコインを拾いあげて握ります。ただし，このとき左手は密かに3枚のうちの1枚をサムパームに保持します。これはもちろん観客には知られないように実行しなければならない秘密の動作です。

12　右手で1枚のコインを拾いあげて，一旦空中に放り投げてそれを受け取って握ります。ここからの作戦が独特です。右手をテーブルの下に持っていきますが，このとき右上腕部がテーブルの手前に当たったところで，密かに下腕部を逆時計方向に90度近く回転させて，右手がテーブルの端の真下に来るようにします。それは中央よりやや左寄りです。そして，そこで右手は持っているコインを手の裏側に保持します。その方法はバックピンチ，天海ゴーシュマンピンチ，バックサムパームのどれでもいいでしょう。そして右手を柄杓のようにして上から落ちてくるコインを受け取る体制を作ります（第6図）。

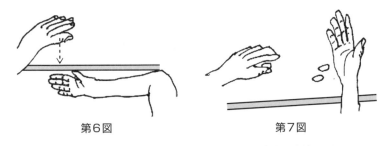

第6図　　　　　　　　　　　第7図

13　次に左手を開きつつその掌をテーブルに叩きつけます。このとき3枚のうち2枚はテーブルの上に置かれますが，サムパームの1枚は左手が確保したままになっています。そのことを観客は知りません。

14　ここで左手をどけないとそこにあるコインが見えない理屈です。そこで、コインを確かめる目的で左手を手前に引きます。どこまで引くかというとテーブルの端まで引き、サムパームされた1枚が丁度右手の真上になるようにします。そして左手のサムパームを緩めると、コインが落ちて丁度右手の中に納まります。

15　このとき、ぐずぐずするのは禁物です。まず、右手をそっと握り拳にして甲を下向きにしてテーブルの上にそのまま出してきます。そして保持しているコイン2枚をテーブルの上に出します。

16　そしてそれにタイミングを合わせて、左手は元の位置に戻り、テーブルのコイン2枚を拾いあげます（第7図）。このときは左手をそのまま握らずに、一旦手にしたコイン2枚をテーブルに再び出します。それで左右の手の姿が左右対称になります。

方　法
第三段

17　ここから第三段ですが、左右の手で各々2枚のコインを拾いあげて、掌の上でそれをよく示します。

18　そして「目でご覧になるだけでなく、五感を総動員していただくとよく分かると思います。それでは耳をよくすませてください」と言います。

19　左手でコイン2枚を拾いあげて握りますが、このときも1枚を密かにサムパームにします。そして右手は右のコイン2枚を拾いそのままテーブルの下に持っていきます。

20　ここで、右手は2枚のコインのうち1枚を中指薬指の上のフィンガーパームの位置に持ち、もう1枚を拇指と食指の指の先で持つようにします（第8図）。

21　左手を開きつつ掌をテーブルに叩きつけます。このときもサムパーム

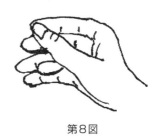

第8図

のコインはパームされたままです。

22　ここで一瞬置いて，テーブルの下の右手の拇指と食指の指先に持っていたコインを放して，それが中指，薬指のところにあるコインの上に落ちるように仕向けます。するとテーブルの下で「チャリン」という音がするのを観客も耳にします。

23　右手はコイン２枚を握りしめたまま，その拳をテーブルの上に出します。このときの右手は甲が右側を向くようにします。

24　甲を上に向けたままテーブルに休んでいる左手を手前に引きます。これは第二段の動作と似ています。テーブルにはコイン１枚が残り，左手のサムパームを緩めると，そのコインは膝に落ちることになります（第9図）。

25　テーブルのコインが見えたら，直ちに左手を元の位置に持っていき，テーブルのコインを拾いあげて，掌の上に示します（第10図）。その手を握り，テーブルの上に休ませます。このとき甲が左を向くようにします。

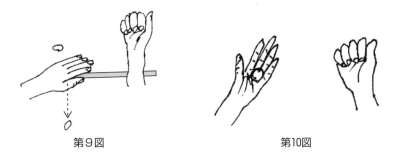

第9図　　　　　　　　　　　　第10図

26　いまやテーブル上の左右には術者の左手右手が休んでおり，左右対称の姿です。ここから有名なハンピンチェンムーブを使います。その動作ですが，バーノンの方法を用いることにします。まず，右拳が左拳に接近し（第11図）そこで右手を開くようにします（第12図）。

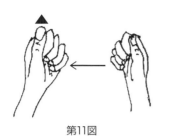

第11図

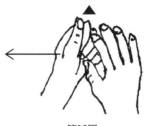

第12図

　それと同時に左手は拳の握りを密かに緩めて，中のコインがテーブルの落ちるように仕向けます。そして，左手はそのまま左に10cmほど

移動します。その結果，右手の下に
はそれが持っていた2枚と左手が落
とした1枚との合計3枚が存在する
ようになります（第13図）。

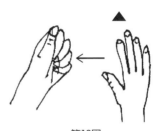

第13図

27　ここで右手を開いてテーブルのコ
　　インを見せるのですが，観客は3枚
　　が右手から出たものと思うでしょう。

方　法
第四段

　　　　　28　右手でテーブルの上のコイン3枚を拾いあげて掌の
　　　　　上でよく見せます。そうしたら右手を握り，テーブル
　　　　　の下に持っていきます。

29　左手はもはや空ですが，術者はそこにコインがある風を装い，左手
　　に握ったコインを指先に持ち変えるふりをします。

30　ここからの動作は「コツコツ，パチン，グイ，チャリン」というリ
　　ズムとご記憶ください。これを上手く演出すると効果的なエンディン
　　グになります。

31　まず，右手で3枚のコインを握ったまま，膝の1枚を摘まみあげて，
　　それを指先に持ちます。そして，左手でコインをテーブルの上にコツ
　　コツとぶつける動作を行います（第14図）。ただし，左手は空ですか

ら音はしません。そこで右手が持っているコインをテーブルの下面を
コツコツとぶつけます。そのタイミングを合わせることが大切です。

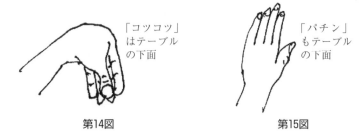

「コツコツ」
はテーブル
の下面

「パチン」
もテーブル
の下面

第14図　　　　　　　　　　　第15図

32　続けての左手の芝居ですが，今度は，テーブルに垂直のコインの向
　こう側を食指，中指，薬指で抑え込み，コインの一面がテーブルにパ
　チンとぶつかるように仕向ける動作をします（第15図）。そして実際
　には，右手でテーブルの下面にコインの面がパチンと当たるように操
　作します。これが「パチン」です。

33　続けて左手の中指をテーブルの上面に「グイ」と強く押しつける芝
　居をします（第16図）。そのタイミングでテーブルの下の右手の指先
　のコインを放すようにするとそれは他のコインとぶつかり，「チャリ
　ン」と音を立てるでしょう。

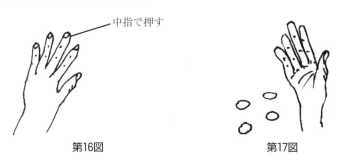

中指で押す

第16図　　　　　　　　　　　第17図

34　左手を中指の先をテーブルに当てたまま，その手の指を開き，然る
　後に左手の掌を上に向けてそれが空であることを示します。

35　右手がコイン4枚を持ってテーブルの下から出て来ます。そして，

そのコインをテーブルの上に出すところがこの奇術のクライマクスです（第17図）。

後　記　　この手順の各段の作戦がそれぞれ異なっていることにお気づきと思いますが，詳しくいうと，第一段はコインの貫通演出のずっと前にコインを膝に落とすので，そのテクニックを「プレラッピング」あるいは「アドバンストラッピング」と呼ぶことができます。第二段では，コインが膝に落ちるのは貫通演出とほぼ同時であり，いわば「サイマルテニアスラッピング」と呼ぶべき手法です。一方，第三段の方法ではコインを落とすタイミングが貫通演出よりずっと後に方になっています。これは「ポストラッピンング」あるいは「ディレイドラッピング」と呼ぶべき手法です。そして最後の第四段ではハンピンチェンムーブのお陰でラッピングが不必要になっています。このように全部で四段階に構成されているので，さすがの天海師もその種が追いきれなかったというわけなのでした。一方，これと逆に方法論を手抜きしようと考えるならば，同じテクニックを4回繰り返す手順を企画することもできますが，そのような芸は見ていて単調であり，種も割れやすくなることが避けられません。筆者は一般論として，何段かに構成される手順ではその方法論を次々と変えていく方が望ましいと考えています。ただし，動作が自然であり続けることが条件です。

一億円ジャンボ宝くじの怪

<効果>　まず表に「予言」と書かれた封筒を取り出し，中から「一億円」と書かれた
カードを取り出します。次に宝くじを紹介します（写真参照）。このくじ札を25枚並べて，
観客に3枚のくじを選ばせ，その番号を掛算してもらうと答えが99999999となります。予
言は「一億円」ですから1円足りません。封筒を逆さにして振ると一円玉が出てきて観客
が大笑いします。

<準備>　封筒の表に「予言」と書き，中に「一億円」と書いたカードを入れ，更に一円
玉を入れておきます。宝くじは全部で25枚ですが，番号で次のように並べます。

657	9	1233	657	9
803	11	1507	803	11
7373	101	13837	7373	101
657	9	1233	657	9
803	11	1507	803	11

<方法>　まず，封筒の中から「一億円」と書かれたカードを取り出し「これが予言で
す」と言います。次に宝くじ25枚を5×5に並べます。ここで「宝くじを複数枚買うとき
には連続番号にするのは得策ではありません。そこで任意の個所から斜めに3枚を選んで
みてください」とお願いします。そこで電卓で選ばれた3枚の札の番号を掛け算してもら
います。答えは99999999となります。そうしたら「予言は一億円の当たりを予言していま
したが，この答えは1円足りませんね」と言い，封筒を逆さにして振ります。すると一円
玉が転がり出て，観客はそのギャグに大笑いするでしょう。

9 コイン・スルー・ザ・テーブル　第二部

(Coin Through the Table　Part Two)

<table>
<tr><td>解　説</td><td>　コイン・スルー・ザ・テーブルは通常4枚のコインを，1枚ずつテーブルを貫通されるように演出することが多いですが，それが終わると，コインの数を減らして同じ</td></tr>
</table>

現象を見せるように手順を構成することがよく行われます。筆者はこの演出に魅力を感じ，1960年頃からいろいろな異なる手法を駆使してそのような演出を効果的に見せる方法を研究してきました。以下にその決定版のバージョンを解説します。

<table>
<tr><td>現　象</td><td>　4枚のコインを用いるコインスルーザテーブルが終ったところから，4枚から1枚を取り除いて3枚で演技を行い，それが終わると，さらに1枚を取り除き2枚だけ</td></tr>
</table>

で演技を行い，さらに最後は1枚減らして，最後の1枚で演技をしますが，それが見事テーブルを通り過ぎると最後に登場するのが特大のジャンボコインになってクライママックスを迎えます。この経過を連続写真でご覧いただくことにいたします。

4枚は多すぎでしたか

3枚にしましょう

1枚はどけておきます

3枚をテーブルに叩きつけます

2枚しかありません

右手に1枚あります

2枚を叩きつけます

左が1枚になりました

右手は？

右は2枚です

最後の1枚です

消えました

3枚です

1枚取除き，左右に1枚ずつ取ります

コツコツ！

右手に2枚です

1枚にしましょう

もう1枚はどけます

コツコツ

消えました

これなら見えますか？

| 用　具 | コイン4枚を使いますが，クライマックスに取り出すべき大きなコインを必要とします。奇術用具店ではしばしばジャンボコインを取り扱っていますが，手に入らないときは，大きめの丸いメダルを使うという便法があります。 |

| 準　備 | 膝にナプキンかハンカチを敷くのが便利であることは第一部と変わりません。追加的に必要な準備は，ジャンボコインの用意です。筆者はだいたいジャンボコインを左側の下肢と椅子間に保存しています。 |

1　第一部が終わったら，「どうも，コインが多いとお客様が混乱するようですからコインの枚数を減らしましょう」と言います。このときコイン1枚を減らす動作の間に1枚のラッピングを終らせてしまうという作戦を採用します。

2　第一部の最初と同じようにコイン4枚をテーブルの左右に並べます。右手で4枚の一列のコインのうち右側の3枚のコインをごく普通に指で拾いあげて揃え，テーブルの上に垂直に立てるようにしてから，その3枚を持ちあげます。そのとき，1枚のコインを拇指で少し引いておきます（第1図）。そして，左手の掌にコイン2枚を放りこみ，コインを受取った左手を握ります。右手はその間に保持したコインを一旦フィンガーパームの位置にします。

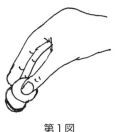
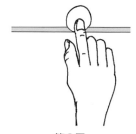

第1図　　　　　　　　　　第2図

3　ここで，1枚のコインを隠し持った右手の食指をテーブルの上に残っている1枚にかけます。そして，それをそのまま手前に引いてきます。そのコインがテーブルの端まで来たら，そこでそのコインの下に右手拇指をかけてそのコインを取りあげるのですが，その位置では，右手中指，薬指，小指はテーブルの端よりさらに手前に位置しているはずです（第2図）。そこで，隠しているコインがちらつかないように，その指をやや下げ気味にしてフィンガーパームのコインをひざに落としてしまいます。

4　ここで，右手は直ちに食指拇指でコインをつまみあげて，その手の甲が下を向くように手を回転し，指先のコインをテーブルの端に沿っ

て右の方に運び，じゃまにならないところにそれを置きます。

5　ここから3枚のコインの手順が始まります。

　　右手をテーブルの下に持っていき，左手を開いてテーブルに叩きつけます。今度は右手をそのままテーブルの下の置いたままで，左手を手前方向でなく，左にどけて手が空であることを示し，テーブル上に確かにコインが2枚しかないことを示します。そして，左手でその2枚を拾いあげてそれを掌の上でよく見せてから，その手を握ります。ただし，そのとき掌の中のコイン2枚を分けて，食指中指で1枚を確保し，もう1枚を小指で軽く押さえておくようにします（第3図）。

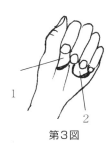

第3図　　　　　　　　　　第4図

6　そして，左手は拇指が上を向くような姿勢を取ります。ここで，右手でコインをテーブルの上に持ってきてそれをテーブルの上に放り出します。このタイミングで左手を手前に引いて，小指を緩め，1枚のコインがテーブルの手前でひざに落ちるようにします。

7　右手でテーブルの上の1枚のコインを5cmくらい向うに押し，その動作に合わせて左手をテーブルの中央に向かって移動しておきます（第4図）。

8　以上で，1枚目の現象を見せている間に，2枚目のラッピングは完了します。

9　右手でテーブルの上のコインを拾いあげ，それをテーブルの下に持っていきます。

10　「では，よく耳を澄まして聴いてください」と言い，左手を開き

テーブルに叩きつけます。そのとき一瞬間をおいて，右手で持っていたコインをひざの上のコインの上に落としてチャリンと音を立てるようにします。

11　そうしたら，右手で1枚だけコインを拾いあげ，その手を握ってテーブルの上に出してきます。左手を左にどけて，そこにコインが1枚しかないことをよく見せます。

12　左手でコインを拾いあげて握ります。ここからは第一部の最後と同じハンピンチェンムーブを実行する作戦がいいと考えます。そうすると，ハンピンチェンムーブの結果観客からは術者の右手から2枚のコインが出て来たかのように見え，左手にはコインが1枚残っているように思えるのですが，事実は右手からはコイン1枚が出て来るだけであり，左手の1枚が密かに加えられるので，最後は左手が空になります。

13　最後の左手のコインがテーブルを貫通し，右手が3枚になるところの演出は第一部の最後と同じで「コツコツ，パチン，グイ，チャリン」の演出がいいと思います。

| 方　法 |
| 2枚から1枚 |
| までの手順 |

14　ここで，「まだまだコインが多いようですね。コインが3枚もあると二つの目で追うことがむつかしいでしょう。」と言います。そして，3枚のコインのうち1枚を取り除く動作を行うのですが，その動作が終わったときには，もう残りの2枚の内の1枚のラッピングが終わっているという作戦です。しかし，観客には左右の手に1枚ずつコインがあるように見えます。それは左右の手の操作のタイミングのずれ（オフビート）を活用した手法です。

15　3枚の手順が終了したときテーブルの上に出された3枚のコインを左右に一列に並べます。その位置は始まりのときとほぼ変わりません。ただ，コインの数が4枚でなく3枚であるという点だけが違います。

16　最初に右手中指を一番右のコインにかけて手前に引いてきます。それがテーブルのをクリアする瞬間に，左手中指を一番左のコインにかけます（第5図）。

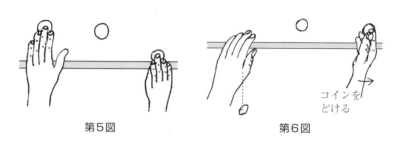

第5図　　　　　　　　　　第6図

17　右手はコインを中指と拇指で取りあげて，それをテーブルの右の方に置きます。その位置は先ほどどけたコインのあるところです。ところで，このタイミングでは左手はコインをテーブルの端まで引いてきています。そして，左拇指を下に回してコインをつまみあげる動作をするのですが，実際にはコインをつかまず，ひざに落としてしまいます（第6図）。

18　このとき，右手中指を真ん中のコインにかけ，それを手前に引き始めます。このとき，左手はコインを摘んだ姿勢のままテーブルの中央に来ます（第7図）。

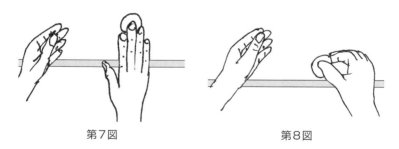

第7図　　　　　　　　　　第8図

19　そうして最後に右手がコインをテーブルの端で拾いあげます（第8図）。

20　右手はやや遅れてテーブル中央に来ます。そうしたら，右手のコイ

ンを空中に放りあげてそれを同じ手で受け取ります。

21　ここで，右手をテーブルの下に入れ，左手をテーブルに打ちつけ，右手のコインで「コツコツ，パチン，グイ，チャリン」を演出します。左手を左にどけて空であることを示し，右手でひざのコインを拾いあげ，コイン2枚をテーブルの下から持って来てテーブルの上に出します。コインが左右に並びます。

22　いよいよ最後の1枚の貫通ですが，ここでは，コインが1枚しかないため，カバーする方法がありません。このためコインの処理がたいへん難しいのです。この最後のラッピングはテンス・アンド・リラックスの絶妙なタイミングで一瞬に実行されることになります。そして，最初から術者のお尻の左下に隠しておいた巨大なコインを出現させてクライマックスを演出します。

23　では，最後の動作を詳細に説明しましょう。テーブルの上の2枚のコインのうち左の1枚を左手でその位置のまま真上に向かって取りあげて指先に持ち，それを観客に示して「まだコインが多すぎるようです」と言います。このとき術者の視線は観客の顔を覗きこみ，いわば気持ち的にテンスの状況にあります（第9図）。

第9図　　　　　　　　　　第10図

指先を曲げる

24　次に，急激にリラックスの状況を作り，視線を右手に向けてその手で右のコインを取りあげます。この瞬間左手を下げてテーブルの端に休めてコインを密かにひざに落とします（第10図）。このとき大切な

ことは左手の指先を十分曲げてコインが観客から見えない位置に持って来るという配慮です。

　しかし，これは一瞬のことであり，ただちに左手を再度持ちあげて今度は左肘がテーブルの端に当たるくらいの姿勢にしてその動作を休みます。このとき右手はコインを右にどけて前のコインに加えてしまいます（第11図）。ここでテンスな状況を作り，「最後ですから，今度は1枚でやっ

ひじをつく

第11図

てみましょう。人間の目は二つあっても，一つの目で左を見て，もう一つの目で右を見るということはできない仕組みになっていますから……」と言います。

25　空の右手をテーブルの下に持っていき，ひざのコインを拾います。そして，「コツコツ，パチン，グイ」の演出をします。ただし，最後の「チャリン」はありません。それはコインが1枚だからです。右手は仕事を終えたら持っているコインを再びひざにそっと置き，代わりに隠しておいた巨大なコインを椅子の上からそっと取ります。

26　左手が空であることをよく見せます。右手で巨大コインをテーブルの上に放り出して，「これならよく見えますか！」と言い，演技を終了します。

27　以上で手順としては十分ですが，最後に巨大コインの貫通を演出する愉快で厚かましい手法がありますので，ご紹介しておきます。手の角度とタイミングが上手くいくと驚きを生みます。

⑴　テーブルの上のジャンボコインの向こう側に右手の中指をかけて，それをテーブルの端まで引いてきます。そこで拇指をコインの手前端にかけて，中指と拇指でコインが水平のままそれを持ちあげます。

(2) ここで左手の掌を上に向けて
ジャンボコインを受取る準備をし
ます。術者は視線をその手に送り
ます。このとき右手をテーブルの
端で休めて，静かにコインを膝に
落とします（第12図）。

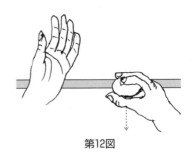

第12図

第13図

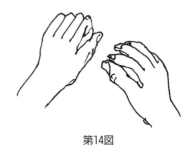

第14図

(3) 右手はコインを持っているふりをしたままで，そのコインを左掌
に置く動作をします（第13図）。その瞬間に左手の手首から先を時
計方向に180度回転させて左甲が上向きになるようにしなければな
りません（第14図）。

(4) 右手の掌を上に向けて手を広げ，食指でテーブルの中央を指さし
ます。

(5) 右手をテーブルの下に持っていき，膝のジャンボコインを取りま
す。

(6) 左手を右手が指さした場所に叩きつけます。そのとき右手でタイ
ミングを合わせて，ジャンボコインをテーブルの下面にぶつけるの
がいいでしょう。

(7) 左手を持ちあげて掌を上に向け，空であることを示します。

(8) 右手で膝のジャンボコインをテーブルの上に持って来て，そこに
放りだします。

10 飛行する鷲
(Flying Eagles)

解 説 コイン奇術書の古典といえばJ. B. Boboが書いた
Modern Coin Magic（初版1952年）があげられます。こ
の本に著者自身の作品であるトラベリング・センタボズ
が紹介されています。筆者はこの手順に興味を持ち，1960年ころからそ
れを愛用してきましたが，あるとき，この手順の問題点に気づきました。
それはこの奇術がテーブルで演ずるクロースアップ奇術として構成され
た手順であるにもかかわらず，奇術の現象が起こる瞬間に，術者が左半
身に構えなればならないという技術的な制約があるという点です。観客
の方に正面を向いて演技をしていた術者が，現象が起こるときだけ，突
然横を向くのはどう考えても不自然であり，筆者は何とかして，術者が
テーブルに真正面を向いた姿勢を保ったままでこの奇術を演ずることが
できないかと考えはじめたのでした。そして，うまい解決策が思いつか
ないまま約40年のときが経過しました。ところが，幸運にもあるとき別
の奇術を研究している過程でこの長年の懸案が解決することになりまし
た。こうして完成したのがここに解説する「飛行する鷲」です。

効果　この奇術のプロットは，右手で4枚のコインを1枚ずつ空中に放るようにすると，それが手を離れて，空中を飛んで左手が持っているグラスに移動するというものです。それを連続写真で鑑賞してみることにしましょう。

グラスを振ると音がする

左手に中身を出す

グラスの中を覗く

グラスを置き

コインを右手に放り

右手はコインを置く

左手はグラスを見せる

コインを1枚取りあげ

空中に放る

グラスがチャリン！という

グラスのコインを出す

コインをよく見せる

コインを右手に取る

コインをグラスに落とす

2枚目をお空中に放る

チャリン！グラスのコインを
出す

2枚をよく見せる

1枚目をグラスに落とす

2枚目をグラスに落とす

3枚目を空中に放る

チャリン！

コインを左手に出す

1枚目

2枚目

3枚目をグラスに

最後のコインを

右手に渡す

それを空中に放る

チャリン！

コインを左手に出す

グラスの中を覗く

グラスの中を見せる

コインを1枚ずつグラスへ

グラスを揺する

最後の4枚目をグラスに入れる　　終わり！

<table>
<tr><td>

用　具

</td><td>

1　コインはトラベリングサンタボズでは，メキシコの
コインが用いられていますが，この「飛行する鷲」で
はアメリカのハーフダラー（50セント銀貨）を用いる

</td></tr>
</table>

のを標準とします。アメリカのハーフダラーには鷲の絵がデザインさ
れていますが，それは鷲がアメリカの国鳥とされているからです。こ
の奇術の題名はこの鷲を題名にしています。なお，用いるコインは観
客の目から見ると4枚なのですが，実はエクストラコインを1枚使い
ますので，用いるのは合計5枚です。

2　グラス1個：お勧めは半分透明，半分不透明デザインのグラスがお
勧めです。日本には切子細工のグラスで適当な品がありますが，ベネ
チアングラスのタンブラーも適当です。トラベリングセンタボズの場
合にはBoboは革のダイスカップを使うことを推奨しています。

　普通の透明なグラスを使わない理由は，グラスにコインがあるのが
よく見えないので，コインを出して確認するという動作が合理化され
るからです。奇術の構成ではこのようなきめ細かい配慮が大切なので
す。

<table>
<tr><td>

準　備

</td><td>

　演技に先立ち，カップの中にコイン5枚を入れておき
ます。

</td></tr>
</table>

| 手 順 | この手順では，観客に見えないように1枚のエクストラコインを使いますが，その1枚の存在がわからないように手順を進めることが大切です。そのために，手順を |

始める前のあらための手続きと，手順が終わった後の自然なあらための動作が用意されています。また，4枚のコインの処理は見たところ同じことを繰り返しているようにみえるように構成されていますが，実は，使われる技法は4回のコインの飛行についてそれぞれ異なる原理を使い分けており，同じ原理が繰り返し使われることがないように配慮されております。

| 方 法 プロローグ | プロローグの趣旨は，第一段からの演技に先立って，グラスの中にあるコインを取り出して確かめて演技の準備をすることです。 |

1　テーブルの中央にコイン5枚入りのカップがあります。術者が右利きであるという想定で，ここで，右手で，カップの手前側に拇指，向こう側に4本指をあて，グラスを取りあげ，「ここにコインが入ったカップがあります」と言って，それをゆすり，コインがチャリンチャリンと音を立てるようにします（第1図）。

 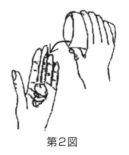

第1図　　　　　　　　　　第2図

　次に，カップの口が左に向くように傾け，コイン5枚を左手の掌に落とします（第2図）。

2　そうしたら，右手のカップを元の向きに戻し，何気なく，その口を

少し手前に傾け，顔をカップの上に持ってきて，その中を覗きこむように します。これは何でもないような動作ですが，実は，次の動作のための大切なミスディレクションになっているのです。

3　次に演者としては，コインを取扱うため，右利きの演者としてはカップを置いて，コインを右手に持ち変えたいのです。そこで，右手でカップを一旦テーブルの中央に置き，同時に，左手のコインを右手に放り込みます。このとき，1枚のコインを左手の拇指で押さえて，実際にはコインが4枚だけ右手に放り込まれるようにします（第3図）。

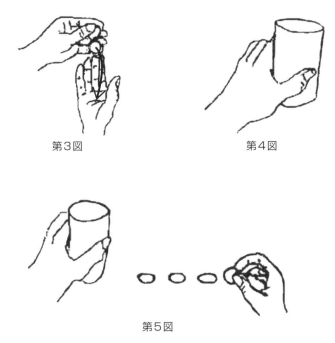

第3図　　　　　　　　　　　　　　第4図

第5図

4　左手に隠し取ったコインを拇指で調節し，フィンガーパームの位置で保持します。ここで演者はコインをテーブルの上に並べたいのですが，そのためには今度はカップが邪魔です。そこで左手で左からカップを掴み取ります（第4図）。同時に右手でコインを1枚ずつ無造作にテーブルの上に横一列に並べていきます（第5図）。

並べ終わったら，左手でカップの口を観客の方に向けて，中が空であることを見せます（第6図）。

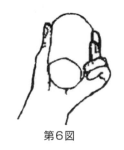

第6図

方　法
第一段

5　次に，左手でカップをテーブルに置き，右手でテーブルの上の一番右のコインを取りあげ，それを空中に高く放りあげてそれを同じ手で受け取ります。そして，右手のコインを掌に乗せて，よく観客に見せます。

6　この間にコインをパームしている左手がカップを上から掴み取ります。指の位置は拇指が手前側，中指が向こう側です。左手の薬指はフィンガーパームに使われていますから軽く曲げたままでいいでしょう（第7図）。

第7図

7　次に，右手のコインを先程と同じように空中に放りあげる動作をしますが，今回は，コインを放らず，その動作でコインを右手にクラシックパームします（第8図）。この動作では大切なことが幾つかあります。まず，放りあげる動作で右手の拇指の動きが目立たないように，右手を少し時計の反対方向に捻り気味にして，拇指が他の指の陰になるように配慮するといいでしょう。それから，放りあげる動作で，放りあげた瞬間は5本の指を伸ばす方がよいのですが，次の瞬間には指の力を抜いて，指が軽く曲がるような自然な手に戻すことが大切です（第9図）。こうすると，観客にはコインが空中で消えたように見えます。

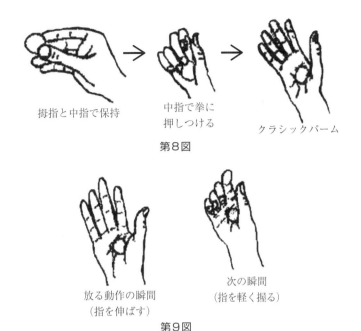

拇指と中指で保持　　　中指で拳に　　　
　　　　　　　　　　押しつける　　　
　　　　　　　　　　　　　　　クラシックパーム
第8図

放る動作の瞬間　　　　　　次の瞬間
（指を伸ばす）　　　　　（指を軽く握る）
第9図

8　この右手がコインを放りあげる動作を行った次の瞬間に，左手の
　　フィンガーパームを緩めて，コインがカップの中にチャリンと音を立
　　てて落ちるようにすします。観客には，コインの音だけが聞こえます。
　　　この第8図，第9図の動作のリズムですが，右手がコインを放り投
　　げる動作をしてパームしたら，術者は視線でそのコインの仮想上の軌
　　道を追いかけるようにしながら顔を上に向けます。次に左手のコイン
　　をグラスに落としたらチャリンと音がしますから，その音を聞いて術
　　者は顔を下げて視線をグラスに向けます。

【方　法
第二段】
　　9　このコインがカップの中でチャリンと音を立てた瞬
　　　　間，観客の注意は左手に集中しますから，そのタイミ
　　　　ングをとらえて，右手をそっと下げ，クラシックパー
　ムされていたコインをフィンガーパームの位置に移動します（第10図）。

10　左手でカップを一旦テーブルの上に置きます。そして，コインを
フィンガーパームしている右手でカップを取り，それをゆすってチャ
リンチャリンと音を立てます。

11　次にカップの口を左に傾けて，中のコインを左手の掌に落とします

第10図

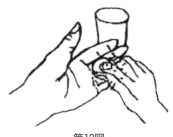

第11図

（第11図）。そして，右手のカップをテーブルに置きます。右手には
コインが1枚フィンガーパームされたままになっています。

12　左手のコインをフィンガーパームの位置に持って観客に示し，それ
をカップの後方あたりの位置に
持ってきます。そして，コインを
フィンガーパームしている右手を
そこに持ってきて，両手の指を合
わせて，その右手の指先で左手の
コインを拾いあげようとします
（第12図）。ただし，コインを持
ちあげるのは動作だけであり，左手を掌が術者の方を向くようにやや
回転させ，右手でコインを取りあげる動作はそのまま続けて，右手を
グラスの上まで持ってきて右手のコインをグラスの中にチャリンと落
とします。このコインのすりかえは大げさにやろうとしてはいけませ
ん。何気ない自然な動作で実行しなければなりません。特にすり替え
の直後に右手のコインを観客にことさらよく見せようと指先に持とう
とするのは不自然な動作であり，それは避けた方がいいのです。

第12図

13 右手でテーブルの上の2枚目のコインを取りあげ，空中に高く放り
あげてそれを受け取ります。その間に，左手はコインをフィンガー
パームしたまま，前と同じ動作でグラスを上から掴み取ります。

14 右手の掌のコインをよく見せます。次に，右手のコインをもう一度
上に放りあげる動作をしながら，コインをサムパームします。当然，
コインは右手の手前側に隠されるようになり，右手の指先はほぼ真上
を向きます。コインが放り投げられる動作が終わったら，やはり右手
の指は自然に緩めて指先が曲がるくらいが自然です。

15 前と同じ要領で，この瞬間に左手でフィンガーパームしたコインを
緩め，カップの中にチャリンと落としてやります。

方　法
第三段

16 コインがチャリン
と音を立てた瞬間に
右手を下げて，サム
パームされていたコインをフィン
ガーパームの位置に移します（第13
図）。左手はカップを一旦テーブル
の上に置きます。

第13図

17 右手でカップを取りあげ，グラスをゆすり，チャリンチャリンと音
を立てます。

18 次に，右手でカップの口を左に傾け，空の左手の掌に2枚のコイン
が1枚ずつ落ちるようにします。

19 カップをテーブルに置きます。左手を広げ，掌にある2枚のコイン
が観客によく見えるようにします。

　このとき，左手の指先がやや右の方向を向くようにします。それは
次の動作との関連です。また，左手のだいたいの位置は，カップの真
後あたりが適当です。このとき，左手のコインは，1枚が指先，もう
1枚が掌の中央にあるのが理想です（第14図）。必要なら，右手の食

指で左手のコインの位置を調整してもいいですが，できれば，左手を揺すって右手を使わずにコインの位置を調整したいと考えます。

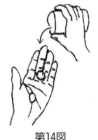

第14図　　　　　　　　　　　　　　　第15図

20　ここで，まず，右手の指先で，左手の指先に近いコインを拾いあげ，それをカップの中にチャリンと落とします。次に，右手の指先で左手の掌中央付近にあったコインを拾いあげようとします。すると，右手にフィンガーパームしていたコインは左手の指先の丁度真上の位置に来るでしょう。そこで，右手の指を緩めて，そっと，フィンガーパームのコインを左手に落としてやり，それを左手の指で受け取るのです。受け取った左手は手の甲が観客の方向を向くように若干回転させて，かつコインをフィンガーパームに保持します（第15図）。右手のコインをカップにチャリンと落とします。

21　左手でカップを上から掴みます。右手で3枚目のコインを取りあげ，空中に高く放り投げてこれを受け取ります。次に，コインを再度空中に放り投げる動作をしながら，右手でコインをクラシックパームします。

22　次の瞬間に左手のフィンガーパームを緩めてコインがカップの中にチャリンと音を立てて落ちるようにします。

方　法
第四段

23　そこで，右手のコインをクラシックパームからフィンガーパームに持ちかえます。左手のグラスをテーブルに置きます。次に右手でグラスを取りあげ，それを

102

揺すってコインの音を聞かせます。次にカップの口を左に傾け，コイン3枚を左手の掌に落とします。そうしたら，グラスをテーブルに置きます。

24　コインをフィンガーパームしている右手の指先で，左手のコインを1枚拾いあげ，堂々とカップの中に落とし「1枚」と言います。このとき，右手の指先がカップの中にかなり入るようにするのがよいでしょう。

25　次に右手で2枚目のコインを拾いあげ，カップに落とします。このときも，右手の指をグラスの中にかなり入り込むようにするのがいいでしょう。落としながら，同時に右手のフィンガーパームされていたコインがカップに落ちるようにします。タイミングが悪いとコインがチャリンという音が二重に聞こえてしまいますが，タイミングがよければ，チャリンという音はやや大きい音になるものの，音が1回しかしないので，観客はコインが2枚落とさ

第16図

れたとは気づかないものです（第16図）。コインがチャリンと言ったら「2枚」と言います。

26　最後に，右手で3枚目の最後のコインを拾い上げ，公明正大にカップの中に落とします。このチャリンという音にあわせて「3枚」と言います。このとき，何気なく右手が空であることを示します。

27　右手でカップを取りあげ，それを揺すってチャリンチャリンと音を立てます。そして，その間に，左手はテーブルの上の最後のコインを拾いあげ，空中に高く放り投げ，それを左手で受け取ります。

28　コインを受け取ったら，そのコインを左手の拇指と食指の間に持ちます。このとき，コインの面は拇指と食指を結ぶ面と平行でなければなりません（第17図）。この持ち方をするために，もたもたしてはい

けません。左手の指先だけで位置を調整するように練習しておく必要
があります。

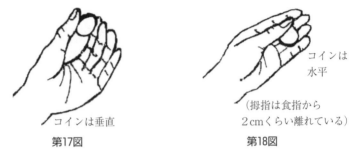

コインは垂直

第17図

コインは
水平

（拇指は食指から
2cmくらい離れている）

第18図

29　右手はカップをテーブルに置きます。そして，コインを1枚持って
いる左手の小指の下に空の右手を，掌を上に向けて持って来ます。だ
いたい右手の4本指の指先が左手の小指の下5cmくらいの位置に来
るのがよいでしょう。ここで，左手をやや内側に回転させつつ，左拇
指のささえをはずしてやると，そこに垂直になっていたコインは拇指
のささえを失い，パタンと倒れ，左手の中指と薬指の真中あたりに水
平になって止まるはずです（第18図）。この瞬間に左手を右手に触る
くらいの位置に持ってくるようにタイミングを合わせ，同時に右手を
キュッと握ると，観客からはコインが右手に投げ入れられたように見
えることになります。この動作は石田天海師が愛用していたコインの
フェイクトスの技法です。

30　次の瞬間，右手のコインを持っている振りをする右手を握りこぶし
にして，それを揺すってみせます。これは手に何かを持っているとい
う印象を与える巧妙な動作です。コインをフィンガーパームしている
左手でグラスを上から掴み取ります。

31　右手でコインを空中に放り投げる動作をしながら，空の右手を開く
とコインが消えたように見えます。この瞬間右手の掌は上を向くで
しょう。この向きでは観客にはその手が空かどうかがよく見えません。
そこで，右手の指先をこすりあわせながら，最後に掌を観客の方に向

けて公明正大に手を開くのがいいでしょう。

32 左手にフィンガーパームしていたコインを緩め，カップの中にチャリンと落ちるようにします。

| 方 法 |
| エピローグ |

33 まず，左手でカップを一旦テーブルに置き，右手でそれを取りあげ，それをゆすってチャリンチャリンと音をたてるようにします。そうしたら，カップの口を左に向け，コイン5枚全部が左手の掌に落ちるようにします。左手は薬指と小指のあたりにコインを5枚揃えた状態で保持します。

34 左手がコインを受け取ったら，直ちに，右手はカップの口が一旦上を向くようにし，術者はそれを上から覗き込みます。これはこの奇術の最初にやった動作と同じです。次に，その口が観客の方を向くようにカップを回転してやります（第19図）。観客からカップの中がよくます。

35 この間に，左拇指で5枚のコインのうち上4枚のコインを食指の先の方向に押し出してやります。そうすると，底の1枚だけが元に位置に残り，上4枚と別に保持される状態になります（第20図）。

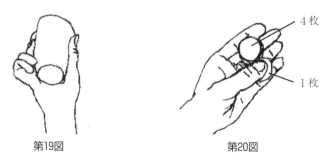

第19図 第20図

36 右手のカップの向きを戻して口が上を向くようにして，左手の一番上のコインを左拇指で押し出しながらカップの中にチャリンと落とし，「1枚」と言います（第21図）。右手でグラスを揺って音を立てます。

37 次に，同じ動作で，2枚目を左拇指で押し出し，カップの中に落と

して「２枚」と言います。右手でカップを揺すって音を立てます。

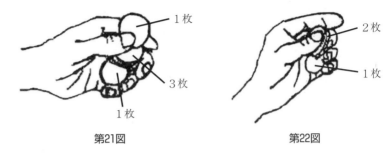

第21図　　　　　　　　　　　　　　　第22図

38　次に，左手拇指と中指で次の２枚（最後の１枚とずらして保持されていた２枚）を挟みつけ，この２枚を一緒にカップの中に落として「３枚」と言います（第22図）。右手でカップを揺すって音を立てます。

39　ここで，カップを一旦テーブルの上に置き，左手に残っている最後の１枚のコインを右手の指先で摘みあげます。このとき，指をよく開いて，他のものは何も持っていないということを公明正大に示すのがいいでしょう。左手で公明正大にカップを取りあげます。そして，右手の指先のコインをおもむろに左手のカップの中に落として，「４枚」と言います。

40　左手のカップをテーブルの上に置いて，両手を軽く示して手が空であることを暗示し，演技の終了とします。

後　記　ところで，この手順では，熟練を要しコイン奇術マニアが「俺は上手いだろう」と誇らしげに演じたがるようなファンシーな技法は何一つ使われていません。採用されているのはごく平凡な手法ばかりです。大画家マチスは晩年に「技巧の極致は平易にあり。」と語ったと言われていますが，筆者は，観客にとっていい奇術というものは演技者が「俺は上手いだろう，奇術家も感心するだろう」というものである必要性は全くなく，この手順のように平易であってよいと考えています。

11 ホーミング・コインズ
（Homing Coins）

解　説	この奇術は筆者がボボのトラベリングセンタボズを検討していて，エクストラコインを使わない方法を研究する

過程で完成した手順です。1964年発行の「コイン奇術の研究」という本に発表しましたが，英国の奇術誌GENにも投稿したところ好評でした。同じ年にロスでダイ・バーノンに見ていただいたときには「僕のカンガルーコインズをテーブルの上で演ずる優れた手順だ」と大変お悦びいただいた思い出があります。ユニークな手法をいくつか用いているので読者の研究の参考になる個所もあると期待いたします。

効　果	以下に連続写真でこの手順の効果をお示しします。

グラスにコインがある　　　出して数えると　　　　４枚である

4枚を右手に握り

グラスの底にぶつける

右手は3枚になる
グラスに1枚入っている

3枚を取りあげ

右手に手渡す

もう1枚はグラスに戻す

3枚をグラスにぶつける

右手が2枚になった

両手に2枚ずつある

左手の2枚をグラスに戻す

2枚を底にぶつける

右手は1枚になる

グラスに3枚入っている

最後の1枚を右手に持ち

3枚をグラスに戻す

最後の1枚を底にぶつける

グラスから4枚が登場する

| 用　具 |

コイン4枚，アメリカの50セント銀貨（ハーフダラー）が適当でしょう。

　グラス1個，これは透明なタンブラーでいいと思います。切子グラスのように半透明のものあるいはプラスチックか金属性のグラスでもいいでしょう。

| 方　法 プロローグ |

1　グラスに4枚のコインが入っています。

2　左手でグラスを取りあげ，揺すって中でコインの音がするようにします（第1図）。

3　右手の掌を上に向けて，左手のグラスのコインをそこに出します（第2図）。

第1図

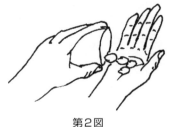

第2図

4　グラスをテーブルの左側に置き，左手の掌を上に向けて，右手で右手のコインを1枚ずつ数えながら左掌に置いていきます（第3図）。

5　空の右手の四指を立てて「4」を示して「コインが4枚あります」と言います。

第3図

第4図

6　ここで，左手のコインを右手の掌に手渡しますが，そのとき左拇指でコインを1枚押さえこみます（第4図）。同時に右手は握りしめて拳にし，一方左手はコインをフィンガーパームに保持します。

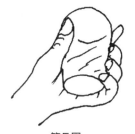

第5図

7　そうしたら，左手でグラスを掴み，その口を観客の方に示します（第5図）。フィンガーパームしているコインはグラスの真下に隠れています。

8　左手のグラスをテーブルの中央に置きます。そして右手の握りを緩

めて「1，2，3，4！」と数えつつ，上下に振り，拳の中でジャラジャラジャラジャラと音がするように仕向けます。そして，そのタイミングで左手のフィンガーパームの1枚を中指で掌にきつく押しつけるようにして，クラシックパームにします。

<table>
<tr><td>**方　法**
第一段</td><td></td></tr>
</table>

　9　そして，その左手の指でグラスを上から掴み持つようにします（第6図）。

　10　右手の拳をグラスの底にぶつけてコツコツと音をたてます。そして，次の瞬間，右手を開いて持っていたコイン3枚がグラスの底に当たるようにします。同時に左手のパームを緩めると，隠し持っていたコインがグラスに落ち，あたかも右手のコインの1枚がグラスの底を通り過ぎてグラスの中に入り込んだような錯覚を起こします。

第6図　　　　　　　　　　　　　　第7図

11　右手の3枚をテーブルの上に出し，続けてグラスを右手に取り，中のコインをその右側に出します（第7図）。そして空のグラスを一番右側の位置に置きます。

<table>
<tr><td>**方　法**
第二段</td><td></td></tr>
</table>

　12　左手の掌を上向きにして，右手で3枚のコインを1枚ずつ拾いあげて左手の上に置いていきます。このとき，最初のコインを中指の手首に近い指骨のところに置きます。そして2枚目，3枚目は薬指，小指の根元の辺りに位置さ

せるようにします（第8図）。右手の指を三本立てて，「コインが3枚あります」と説明します。

13　ここで右手の掌を上に向けて左手のすぐ右の位置に持ってきます。そして左手の3枚をその右手に手渡し，右手はそれを握りしめるようにします。ただし，それは外見であり，実際にはコインを手渡す動作の直前にそっと左食指を中指の位置のコインの左端の上に持って来てそのコインを食指，中指で挟み持つようにします。テクニカルにはこのコインの持ち方をピンチと呼びます（第9図）。したがって実際に右手が握ったコインは2枚になります。

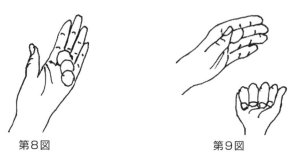

第8図　　　　　　　　第9図

14　続いて左手の拇指と中指でテーブルの1枚のコインを拾いあげて，それをグラスの中に落とします（第10図）。そして，直ちにその左手でグラスを持ちます。ただし，このときはグラスを持つ左手は拇指が手前側，薬指と小指が向こう側に位置します。食指と中指はコインを保持しているのでグラスを持つ仕事には参画しておりません（第11図）。

第10図　　　　　　　　第11図

112

15 左手はこの姿勢で，右手の拳でグラスの底をコツコツと叩き，続けて手を開いて持っていたコインをグラスの底にぶつけます。そのタイミングで左手の食指と中指を緩めるとコインがグラスの中に落ちます。

16 右手のコイン2枚をテーブルの右側に置き，その右手でグラスを持ち，中身のコイン2枚をテーブルの左側に出して，グラスをテーブルの中央に置きます。

方　法
第三段

17 右手でグラスの右側のコイン2枚を拾いあげ，掌にのせて観客によく見せます。このときのコインの位置は指の方ではなく，掌に二つコインが並ぶようにします（第12図）。

　左手の指を二本立てて，「コインはあと2枚です」と言います。

18 左手でグラスの左側の2枚のコインを1枚ずつ取り，グラスに入れます。

19 左手でグラスをそのまま取りあげます。

第12図

20 右手を一旦握り拳にしておいてから，それをグラスの底にコツコツとぶつけ，最後に右手を開き右手がグラスの底に当たるようにします。このとき大切なことはグラスの底が右手の小指寄りに位置させていたコインを完全にカバーすることです（第13図）。この動作に際しては，右手のコインだけではそれらしい音が出ません。そこで，左手がグラスを右手にぶつける瞬間に左手をやや勢いよく上下動させることが肝要です。なお，この瞬間は見ていて怪しいところはありませんので，一瞬間を置くのがいいと思います。

21 そうしたら，次に，右手をやや内側に回転させつつ掌の食指側に位置していたコインを拇指で挟み持ち，小指側のコインがテーブルに落

ちるように仕向けます（第14図）。

第13図 　　　　　　　　第14図

22　ここで，左手でグラスを振り，中でコインがジャラジャラ言うのを
　　聞かせます。このタイミングで右手はいわば第14図のサムパームに近
　　い持ち方をしていたコインをフィンガーパームの位置に変更しておき
　　ます。

23　そして今度は右手でグラスを持
　　ちます。このときにはグラスを支
　　えるのは右手の拇指と食指であり，
　　他の指はゆるめておきます。左手
　　でテーブル上の1枚のコインを取
　　りあげて，右手はグラスの口を左
　　に向けてグラスのコインをテーブ

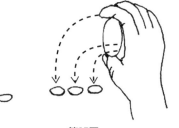

第15図

ルに出します。このときグラスからは2枚しかコインは出てきません
が，同時に右手のフィンガーパームの中指，薬指を緩めてそのコイン
も一緒にテーブルに出て来るようにしむけます（第15図）。

方　法	
第四段	

24　左手の1枚のコインを指の上に乗せて示し，「これ
　が最後の1枚です」と説明します。

25　右手のグラスを右に置き，その右手の掌を上に向け
ます。そして左手のコインをそのまま右手に手渡す動作をしますが，
それはジェスチャーであり，実際には左手のコインはそのままフィン

114

ガーパームで保持したままにします（第16図）。右手は握って拳にします。

26　ここから左手でテーブルにある３枚のコインを１枚ずつ拾いあげてグラスに入れる動作をします。ただし，実際には１枚目は普通に１枚をグラスに入れますが，２枚目のときにそのコインと同時にフィンガーパームしていたもう１枚を同時にグラスに入れてしまいます（第17図）。そして最後の３枚目は堂々とコインを示してからそれをグラスに落とします。

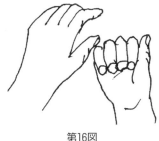

第16図　　　　　　　　　　　　　　第17図

27　いよいよクライマクスですが，実はもう仕事は終わっています。最後に左手でグラスを掴み持ち，右手を少し開き気味にしてその中を術者自身がのぞき込み，「では最後の１枚にご注目ください」と言い，右手の拳を開いてグラスの

第18図

底にぶつけます。このときも，普通ではそれらしい音がしませんから，両手をぶつける前に左手でグラスを上に動かしてそれらしい音が出るように配慮します。

28　右手を開き，その手が空であることをよく見せてから，その右手でグラスを持ち，グラスの口を左に傾けてコイン４枚がザラザラとテーブルに出て来るようにしむけます（第18図）。

観客の手の上に登場するコイン

これは観客に一対一で見せると効果的な小品奇術です。視覚だけでなく触覚が関与しています。

<効果>　観客に両手を出してもらい上下に15cmくらい離して掌が上下に向き合うように構えてもらいます。そして術者は100円玉を取り出して，それをマジックで観客の手の間に通わせて見せると宣言します。ところがコインは手の間には現れませんが，何と手の上にコインが登場します。

<準備>　あらかじめ右手に100円玉をクラシックパームしておきます。左のポケットに100円玉を用意します。

<方法>　1　術者はまず左手の掌を上向きにして，観客には右手で同じように手を構えてもらいます（第1図）。術者は次にコインをパームしている右手を左手の上15cmくらいの位置で掌を下向きにして構えます。そして，観客には左手で同じ動作をしてもらいます（第2図）。術者は「これからその両手の間に不思議を起こしたいと思います」と宣言します。

2　術者は観客の両手をよく見ながら，まず，右手の指先で観客の右手を下方向に5cmくらい押し下げます（第3図）。

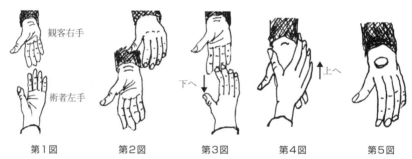

観客右手　術者左手　下へ　上へ

第1図　　　第2図　　　第3図　　　第4図　　　第5図

3　次に，続けて術者は右手の拇指と食指で観客の左手の手首を掴み，観客の目の高さまで引き上げて，「両手の間隔はこのくらいがいいでしょう。」とつぶやきます（第4図）。その動作のとき右手全体が観客の左手を掴むようにして，その右手のクラシックパームのコインをそっと開放してやると，そのコインは静かに観客の左手の甲の部分にとどまります。この秘密の動作は荒っぽく行う方が露見しにくいです。

4　ここで，術者は左手でポケットから100円玉を取り出してきて，それを指先に持って示し，注意を引きます。

5　術者は観客から一歩離れて，左手のコインを嘘の手渡し（fake pass）の技法でそれを消滅させます。観客が左手の上を見ると100円玉があるのでびっくりします（第5図）。

12 底抜けコイン
(Penetration Through the Bottom of a Glass)

解　説

　この奇術はひょっとしたキッカケで出来上がった奇術
です。最近，中国製の米弗銀貨のエクスパンデッドシェル
が手に入るようになりました。シェルは優れたコイン
奇術の種ですが，1枚のコインがグラスを通り抜ける寸芸を見せて終わ
りという人が多く，そうなると何か月後には引き出しの奥深くにしまい
こまれてそのまま忘れられてしまいます。そこで筆者はこの機会にその
種を使った手順を構成してみたのでした。そのままですと，その芸はこ
こに紹介することはなかったでしょう。というのは，このシリーズでは
種を使う奇術は取りあげないことにしていたからです。ところが，その
後，シェルを使わないで同じ現象を演出できないかがテーマになり，そ
の研究を行ったところ，シェルを使う手順に遜色のない作品ができあが
ることになったのでありました。そこで，その作品をここに取りあげる
ことにいたしました。原案のシェルを使うバージョンにはここでは詳し
く言及はいたしませんが，最後のその比較はお示ししておきたいと考え
ております。

効果

連続写真で効果をお示しします。

コイン4枚が登場

1枚ずつ検める

コインをグラスに入れる

おまじないをかけると

コインが1枚下に落ちる

コインを出して

数えると3枚である

3枚をグラスに入れる

2枚目が下に落ちる

あと2枚ある

2枚をグラスに入れる

3枚目が貫通する

残りは1枚

最後の1枚は

グラスの外にいる

コインを底にぶつけると

中に入る

4枚が貫通した

1枚ずつ確かめる

確かに4枚ある

1　コイン5枚，大きめのコインを使う方が効果的なので，1弗銀貨でもいいと思います。それより小さい方がよければハーフダラーでもいいと思います。

2　グラスはタンブラーでいいでしょう。ただし，底の内側が丸みを帯びている方が演じやすいと思います。

グラスに4枚のコインを入れておき，最後の1枚を左手にフィンガーパームしている状況で演技を始めます。

1　左手でグラスを取りあげ，直ちに右手でそのグラスをつかみ左右に振ってグラスの中のコインが音を立てるようにします。そうしたら，グラスの口を左に傾けて中のコイン4枚がザラザラとテーブルの上に出てくるように仕向けます。コイン4枚が横方向に一列に並びます（第1図）。

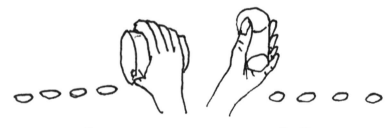

第1図　　　　　　　　　　第2図

2　グラスを左手に取り，左手は空のグラスの口を観客の方に向けます（第2図）。そして右手の握りこぶしでグラスの底をコンコンとたたきます。このとき左手にフィンガーパームしているコインはグラスの下の位置になり，観客からは見えません。

3　グラスの口を上に向けて，それをテーブルの左側に置きます。

4　術者は両手を使って4枚のコインを1枚ずつ裏返ししてコインの表

裏をよく見せます（第3図）。この間，左手はフィンガーパームした
コインを保持したままです。

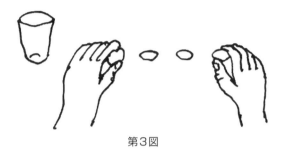

第3図

方　法
第一段

5　左手でグラスを取り，その口を右に向けて横向きに
　　グラスをテーブルに休めます。

6　テーブルのコインを1枚ずつ右手に取り，碁石を持
つように食指と中指でコインを挟むようにして，それを横向きにグラ
スの中に左から右に向かって丁寧に並べていきます（第4図）。

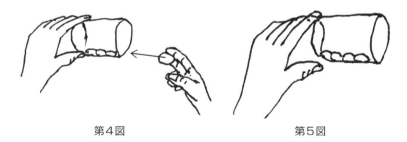

第4図　　　　　　　　　第5図

7　並べ終わったら，左手をグラスから離し，グラスの中に4枚のコイ
ンが並んでいることをよく見せます。このとき左手の食指の先でグラ
スを押さえておくのが賢明でしょう（第5図）。

8　以上の準備が終わったら，コインを1枚フィンガーパームしている
左手でグラスを持ち，口が真上を向くようにします。すると4枚のコ
インはグラスの底にかたまるでしょう。このとき，グラスの内面の底

が丸いとコインがスムーズに動いてくれます。

　このとき左手にパームしていたコインはグラスの底に回るように配慮するのがいいと思います。

9　このグラスの向きを変えた瞬間に，右手で指をパチンと鳴らし，左手の指が保持していたコインを開放します。この動作のときコインを落とす左手の指はできるだけ動かさないのがいいでしょう。コインがテーブルにチャリンと落ちます。これでコインが1枚グラスの底を貫通したように見えます（第6図）。

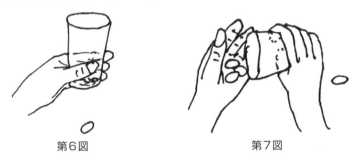

第6図　　　　　　　　　　　　　　第7図

10　グラスを右手に持ちかえて，その口を左に傾けて中のコインが出てくるように仕向けます。そして出てくるコインをすべて左手で受け取ります（第7図）。そのとき左手はコインを掌でなく指の部分で受け取るのがいいでしょう。

11　右手のグラスをテーブルの左側に置き，直ちに左手のコインを空の右手に放るように手渡します。ただしこの動作で大切なことは左拇指で一番上のコインを抑え込み，その他の3枚のコインを右手に投ずることです（第8図）。コインを受け取った右手は直ちにコインをテーブルの右寄りに1枚ずつ無造作に置いていきます。そこに並ぶコインの枚数は3枚です（第9図）。

12　グラスを左手でつかみ，その口を観客の方を向けて中が空であることを示すのもいいでしょう。

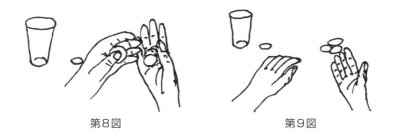

第8図　　　　　　　　　　　　　第9図

<table>
<tr><td>方　法
第二段</td></tr>
</table>

13　ここからはもう一度同じ動作の繰り返しです。
　　　左手のグラスを横向きにテーブルに休ませます（第4図参照）。

　右手の食指と中指でコインを1枚ずつ取りあげて，グラスの中に並べていきます。今回はその枚数は3枚です（第5図参照）。

14　そうしたら左手でグラスの口を上向きにし，右手で指をパチンと鳴らし，底にかくしてあるコインがテーブルに落ちるようにしむけるところも前段と同じです（第6図参照）。このときはコインが最初のコインの上に落ちるようにしてコインがぶつかるチャリンという音が聞こえるようにするのが効果的でしょう。

15　グラスを右手に取り，その口を左に傾けて中のコインを左手に落とします。左手は指のところでコインを受け取ります（第7図参照）。

16　次に右手はグラスをテーブルの左側に置き，左手はコインを右手に放るのですが，このときも左手は拇指で一番上のコインを抑え込んでフィンガーパームします（第8図参照）。右手は受け取った2枚をテーブルの右の位置に置きます（第9図参照）。

17　左手でグラスを持ち，口を観客に向けて中を見せるのもいいでしょう。それが終わったら，グラスをテーブルに横向きに休めます。

18　ここからは同じ手続きの３回目になりますが，ハンドリングに少し工夫が必要となります。

19　右手の食指と中指でコインを挟んでグラスの中に並べまずが，このときは枚数がたった２枚です。これが最後なので，左手をどけてグラスの中をよく見せます。もちろん食指でグラスを押さえておくのが賢明です（第５図参照）。

20　ここで，左手でグラスをつかみ，口を上に向けて，右手の指を鳴らし，左手に隠していたコインをテーブルに落とすところも同じ動作でいいでしょう（第６図参照）。３枚目のコインも１枚目２枚目とぶつかりチャリンと音を立てるようにするのが効果的です。

21　ここからは動作が少し変わります。右手でグラスを取るのは同じですが，そのとき，右手を時計方向に180度ひねり，グラスの右側に拇指，左側に食指，中指が来るようにします（第10図）。そうしたら，右手でグラスを時計の反対方向に180度回転させて，左手の掌を上に向けてグラスをその手にポンと伏せることが大切です（第11図）。こうするとコインがあまり音を立てないのです。

第10図

第11図

22　そうしたら右手のグラスを時計方向に90度だけ回転させます。そして２枚のコインを受け取った左手は上の１枚だけを拇指で右に押し出して指先に持ち，それをテーブルに置きます。このときコインがジャラと音を立てる可能性がありますが，それを避ける方法としてコインの表裏に透明なセロテープを貼っておくという妙案があります。そし

て，もう1枚は左手のフィン
ガーパームで保持したままにな
ります（第12図）。

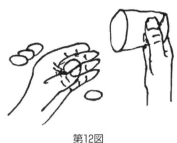

第12図

方　法
第四段

23　ここからは新しい動きです。まず，右手のグラスを
左手に取りますが，このときは左向きになっているグ
ラスの口の部分を左手の拇指と中指で持つようにしま
す。そうしたら，左手はグラスの向きを調整し，グラスの口がほぼ上
向きになるようにします（第13図）。

24　右手で最後にテーブル置いてある1枚を取りあげて指先に持ちます。
このときの指の位置は，拇指が手前側，残る四指が向こう側です（第
14図）。

第13図　　　　　　　　第14図

25　「最後ですからコインがよく見えるようにしてご覧に入れましょ
う」と言い，右手のコインを左手のグラスの底にコツコツとぶつけま
す（第15図）。そして3回目にコインをぶつける動作で指の力を少し
緩め，コインが右手の中に完全に収まるようにします。この瞬間にコ
インをフィンガーパームしていた左薬指の握りを緩めて，コインを放

し，それがグラスの中に落ちるように仕向けます（第16図）。すると
あたかもコインがグラスの底を貫通して外から中に入ったように見え
ます。それは右手のコインが一瞬で見えなくなり，同時にグラスの中
にコインが登場するからです。

第15図   第16図

26 グラスを右手に取り，それを揺すると中でチャラチャラとコインの
    鳴る音が聞こえます。
27 直ちにグラスの口を左に向けて，第四のコインがテーブルの3枚の
    コインの上にチャリンと落ちるように仕向けます。

方 法
エピローグ

28 ここからは演技の締めくくりです。まず，空のグラ
    スを左手に手渡し，右手でテーブルのコイン4枚を拾
    いあげます。このとき右手はコインを1枚フィンガー
パームしているので，拾うコイン4枚はさらに指先に持つようにしま
す。その結果，右手のコインは拾いあげた4枚と隠していた1枚とは
ずれた位置に保存された状態になるでしょう。
29 左手でグラスの口を少し右に傾けて，右手の拇指で4枚のコインの
    1枚を押し出してそれを左手のグラスの中に落とします。落としたら
    左手でグラスを揺すり，音を立てます。
30 次に右手拇指で2枚目を押し出して，同じようにグラスに落とし，
    落ちたらグラスを揺すります。
31 次は3枚目ですが，今度は，右手の指で3枚目4枚目を重ねて挟み

126

持つようにしてそれを1枚のごと
くグラスに落とします（第17図）。
そしてグラスを揺すります。

32　いよいよ最後です。右手に深く
フィンガーパームの位置に持って
いた最後の1枚を右手の指先で示
し，ゆっくりとグラスに落とし，

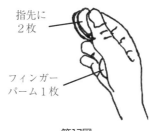

指先に
2枚

フィンガー
パーム1枚

第17図

左手はグラスを揺すり，それが終わったら左手はグラスをテーブルに
置きます。そして術者は何気なく両手をこすり合わせながらそれが空
であることを示しつつ演技を終了します。

注　記

この普通のコインで演ずる手順とそのおおもとになったシェルを使う手順
との違いを整理しておきます。

⑴　コインがグラスの底を貫通した直後に，グラスの中のコインを取り出し
てその枚数を確かめるのですが，シェルバージョンではここは堂々と公明
正大に見せることができます。これがシェル利用のメリットです。

⑵　一方，コインが貫通した後に，次のステップに進むに際して，シェル
バージョンではシェルの中のコインを密かに抜いて次のステップの準備を
することが必要ですが，このバージョンではその処理は手順の中で自然に
解決されてしまいます。

⑶　残りが2枚になった段階で，シェルバージョンはさらに同じ手法が利用
できますが，このバージョンでは，2枚の処理に特別の配慮が求められます。

⑷　最後の4枚の確認に関し，シェルがあればむつかしい手法は不要です。
このバージョンの場合にはフォールスカウントが必要となります。

　　二つのアプローチの違いはざっとこんなところですが，見ていると総じ
てあまり差がないというのが正直な実感です。

観客の手の中で変わるコイン

これはラベリのユニークな奇術ですが，視覚だけでなく触覚で鑑賞する芸であり，一人の術者が一人の観客に見せるものです。

<u>＜効果＞</u>　観客が100円玉2枚を手に持ち，手を握ると手にあるのは10円玉2枚です。

<u>＜準備＞</u>　上着の左ポケットに100円玉を2枚，右ポケットに10円玉2枚を用意します。

<u>＜方法＞</u>　1　まず，観客に右手の掌を上に向けて差し出してもらいます。

2　術者は両手を左右のポケットに入れ，左手は100円玉を2枚持ち，右手は10円玉2枚をクラシックパームし，両手を出して左手の100円玉2枚を観客の右手の掌部に置きます。

3　ここで術者は「私がこれからワン，ツー，スリーと号令をかけますから，スリーでコインを持った手を握ってください」とお願いします。

4　次に術者も右手を差し出して，観客の右手の真上に位置させます。このとき大切なことは，術者の手の指先が観客の手の手首に当たっており，術者の手の手首は，観客の手の指先に当たっていることです（第1図）。

5　この奇術の作戦は術者が右手を少し上げ「ワン，ツー，スリー」の号令で観客の右手を叩くようにして，観客が右手を握ったとき，術者がパームしていた10円2枚を観客に握らせ，観客が掌に保持していた100円2枚を術者が握り取るという芸です（第2図）。

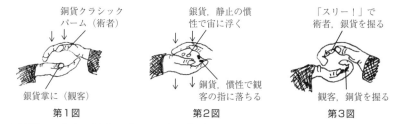

銅貨クラシックパーム（術者）　銀貨，静止の慣性で宙に浮く　「スリー！」で術者，銀貨を握る

銀貨掌に（観客）　銅貨，慣性で観客の指に落ちる　観客，銅貨を握る

第1図　　　　第2図　　　　第3図

6　原理的には術者が号令の「スリー」で右手を振り下ろし，観客の手を叩く要領で動作をすると，慣性で術者がパームしていた2枚が観客の手の指の上に落ち，一方静止の慣性により観客の手にあった100円2枚が一瞬宙に浮き，術者の手の中に自然に入って来るのです（第3図）。そのためには術者の手は「スリー」で，観客の手の上10cmから，観客の手の下10cmくらいの位置まで，思い切って素早く振り下ろすように動作することが肝腎です。そして術者が叩いたとき半開きだった指を握ると，100円2枚は自動的にその手に握られるようになります。

7　この芸はタイミングが極めて大切です。その失敗は観客が「スリー」の前に急いで手を握ってしまうときによくおこります。そこで，本番の前に予行演習で「ワン，ツー，スリー」のリズムで握るリハーサルをやることをお勧めします。これで失敗の可能性が確実に減ります。ただし，練習は軽くやり，本番はしっかり動作しなければなりません。

　また，本番だけは「スリー」の一瞬前に右手で観客の右手を叩いてしまうようにします。

13 翼のある銀貨
(Silver With Wings)

解　説　　コイン奇術に「4枚のコインを用い，一方の手，例え
ば右手にそれを握ると不思議なことに1枚のコインが左
手に移動し，それをさらに3回繰り返すと最後にはコイ
ン4枚全部が左手に移ってしまう。」というプロットがあります。広い
意味ではグラスやカップを補助的に使うバーノンのカンガルーコインズ
や筆者のホーミングコインズもその範疇に属しますが，素手（ベアハン
ド）でそれを実現する芸を一般に「Coins Across」と呼んでいます。

　この狭義のコインズアクロスは誠に直接的な芸であり，やさしい奇術
ではありません。

　それを合理的に演出する手法の一つにエクストラコインを使うという
作戦があり，ボボのトラベリングセンタボズや筆者の「飛行する鷲」が
その例です。現代コイン奇術研究家として知られるデービッド・ロスが
「Winged Silver」と題する作品を発表していますが，これは素手で演
ずる優れた手順として注目されています。この手順の優れたところはボ
ボがUtility Switchと呼んだ巧妙な手法の活用であり，このテクニック
をロスはShuttle Passと呼んでいます。手順が巧みに構成されており，
エクストラコインの気配がよくカモフラージュされています。筆者はそ
の第三段までは大傑作であると高く評価しますが，第四段で最後のコイ

ンが上手く処理できません。絵画作品に例えると,「画竜点睛を欠く」というのでしょう。なぜかというと, 3回にわたって素晴らしい仕事をしたUtility Switchが4回目には同じように活躍できないからなのです。ここに提案する手順はその点を解決する工夫を加えてあります。ご研究ください。

連続写真でご説明しましょう。

効　果

ポケットからコインを取り出すと

4枚ある

4枚を右手に取る

両手を握ると

左手に1枚が移動する

右手に3枚を持つ

両手を握ると

左に2枚登場する

両手で2枚を示す

両手を握ると

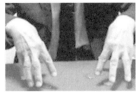

左手が3枚になる

最後の1枚を示す

最後の1枚を左手で握ると

消えてしまい

テーブルに4枚登場する

4枚を確認し

ポケットに戻す

用　具	コイン5枚を使います。アメリカのハーフダラー（50セント銀貨）が適当と思います。
準　備	コイン5枚は上着の左ポケットに用意します。

1　術者は左手を上着の左ポケットに入れ，コイン5枚を束にして指先に持ち，ポケットから手を出してきます。

2　左手を5枚のコインの束をテーブルのやや左より（左腕の位置あたり）に置きます。

3　ここで直ちに両手の掌を上に向けて，手を広げ，観客に示します。このときの手の位置ですが，左手が丁度コインのやや向こうになるあたりが理想です。すると観客から見てコインの束が手の陰になる理屈ですが，コインを隠しているわけではないので，それがチラチラと見えています（第1図）。

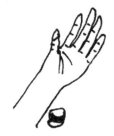

第1図

4　直ちに左手の指でテーブルのコイン5枚を束にして取りあげ，そのままコインを右手に投じます。ただし，実は左拇指でコインを1枚押さえこみコインが4枚だけ右手に入るようにします。

5　右手は指の上にコインを受けて，一瞬握りますが，直ちに掌を開き，そのまま指を左に傾けて右に引き，コインがテーブルの上で左右一列に並ぶように仕向けます（第2図）。

6　続けて，左右の手の指を使って，並んでいる4枚のコインを次々に裏返しします。

　　この動作は左右の手が空であるという印象を強化します。

7　ここで左右の手をコインの外側にそっと休ませます。このとき右手は空ですが，左手はコインを1枚隠し持っていますから，それをフィ

ンガーパームに持ちます。そうすれば，左右対称に両手を構えること
ができるでしょう（第3図）。

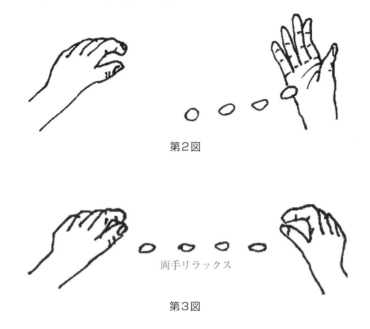

第2図

両手リラックス

第3図

<table>
<tr><td>方　法
第一段</td></tr>
</table>

8　さて，まず，右手でテーブルの4枚のコインを1枚
ずつ拾いあげて，それを掌にのせて観客に良く見せま
す（第4図）。この動作に左手は参画いたしません。

9　次に右手を握り，拳にしますが，そのときに4枚のうちの1枚を密
かにサムパームにしておきます。

10　左右の手を拳にして，左右に並
べます。ここでコインが飛行させ
るためのジェスチャーを決めてお
きましょう。それは左右同時に，
拳をやや緩め，然る後にその拳を
ギュッと握り占める動作です。コ

第4図

インが音を立てるでしょう。

11　ここでコインの飛行を演出します。それは両手を「ハ」の字状に構えておいて，手を軽く広げる動作が基本です。ただし，ここでは左を一瞬早く開き1枚のコインを登場させ，それから右を開いてコイン3枚を登場させるという要領です（第5図）。この動作で，左手には何ら問題がありません。注意が必要なのは右手であり，術者の左側に観客が座している状況では，右手の角度に注意してサムパームのコインが見えないように配慮するか，それさえ難しい場合にはいっそのこと掌を真下に向けて両手を開くという作戦が考えられます（第6図）。

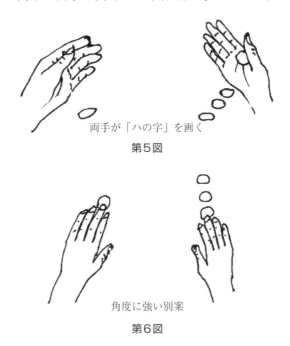

両手が「ハの字」を画く

第5図

角度に強い別案

第6図

12　直ちに，右手でテーブルの左側の1枚のコインを拾いに行きますが，その右手の移動の間に，サムパームをフィンガーパームに切り替えることが肝要です。

13　右手の拇指と食指で左のコインを拾いあげて一旦それを左手の指の

134

上に乗せます（第7図）。

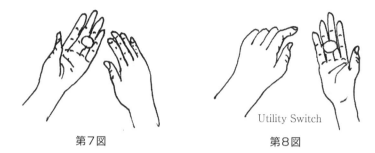

第7図　　　　　　　　　　　　　第8図

14　ここから，左手と右手を同時に時計方向に180度回転させますが，
　　そのとき正に左手と右手が役割を交換し，左手はコインをフィンガー
　　パームし，右手はフィンガーパームしていたコインを指先で観客に示
　　します（第8図）。この動作がUtility Switchの標準的パターンです。
15　右手が持っているコインを空中に放り，それを同じ手で受け取りま
　　す。投げる高さは10～15cmで十分です。
16　次に左手の拇指と食指で右手のコインを摘まみあげます。実際には
　　その手はコインをもう1枚コインをフィンガーパームしています（第
　　9図）。

第9図　　　　　　　　　　　　　第10図

17　さて，ここで休んでいた右手でテーブルの右側にあるコイン3枚を
　　1枚ずつ拾いあげて，それを掌の上にして観客に示します（第10図）。
18　そして右手を握り拳にしますが，そのとき3枚のうち1枚を密かに
　　クラシックパームにします。

19 続けて左手を握り拳にしますが，このときの注意事項は左手の中で2枚のコインがぶつかって音を立てることがないようにという配慮です。言い換えると，左手は2枚のコインが接触しないように注意します。

20 左右の拳が左右対称になるように構え，拳をやや緩めてからきつく握るという演出をしましょう。

21 左右の手の掌を下に向け，テーブルから5-7cmの高さのあたりで両手を開くと各々の手から2枚ずつのコインが登場します（第11図）。

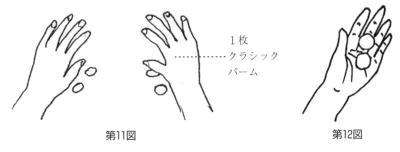

1枚
クラシック
パーム

第11図　　　　　　　　　　　第12図

22 右手でテーブルの左のコインの1枚を拾います。そのためにも右手は密かにコインをフィンガーパームに切り替えることが大切です。そして右手はコインを左手の指の上に置きます。

23 右手で次のコインを拾いあげ，左手のコインに加えます。左手は指に乗っている2枚のコインを観客に示します（第12図）。

24 次の動作も第一段の動作に似ています。左手，右手を同時に時計方向に180度回転させますが，このときは左手の拇指が2枚のうち1枚を抑え込む必要があります。その結果，右手に手渡された1枚が右手にフィンガーパームしていた1枚と一緒になり，合計2枚になるのです（第13図）。これが典型的なUtility Switchです。

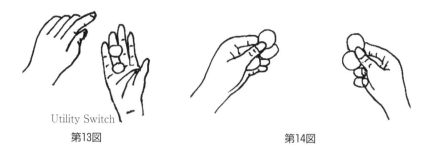

Utility Switch
第13図　　　　　　　　　　　　　　　　　　第14図

25　右手は2枚のコインを一旦テーブルに落とします。

26　ここで左手は拇指と食指でその2枚を摘まみあげます。ただし，フィンガーパームにもう1枚が隠されています。

27　次に右手の拇指と食指で右側のコイン2枚を拾いあげます。ここで左右の手を観客に良く見せます。外見は左右対称になりますが，実際には左手にコインがもう1枚隠されています（第14図）。

28　ここから左右の手を同じように握り拳にするのですが，実は左右は違うことをします。左手は2枚と見せてコインを3枚握ることになります。一方，右手は2枚のうち1枚を密かにサムパームにします。

方　法
第三段

29　ここで左右の拳の握りを緩めてからきつく握るジェスチャーをします。次の動作は両手をハの字状に構えて手を開くことです。このときはタイミング的に左手が一瞬は早く，続けて右手という順が妥当です（第15図）。

1枚
サムパーム

第15図

30　ここで，右手の指先でテーブルの左側にある３枚のコインの１枚を拾いあげて，左手に放ります。そのときの手の移動にあわせて右手の１枚はフィンガーパームに切り替えておきます。左手はコインを受取ったら握って拳にします。

31　続けて右手の拇指と食指で第二のコインを拾いあげて，それを左手に放り込みますが，実はこの動作のとき右手のフィンガーパームのコインも一緒に左手に放り込みます。左手はコインを受取るときだけ開き，コインを受取ったら直ちに握ります。

32　最後の第三のコインは堂々と右手の指先に持って左手に放ることができるでしょう。

33　ここで左手は４枚のコインを持っています。そこで，左手はそれを束にしたままテーブルの中央のやや左寄りに置きます。置いたら間髪を入れず，その手の掌を上に向けて構えます。その位置はコインの少し向こう（観客より）です（第16図）。

第16図

方　法
第四段

34　右手の拇指と中指でテーブルの右のコインを摘まみあげます。そして観客に示してから掌を上に向けている左手に手渡す動作をしますが，実際にはここでFake Pass（リテンションバニッシュでよい）の技法を活用して，コインは右手に隠し持つようにします。左手はコインを受取った動作で握ります（第17図）。

35　左手を開きコインが消えたことを表現します。

36　左手をテーブルの上の４枚のコインにかけて，指で４枚のコインの束を左方向にさっと引き，４枚が左右一列になるように仕向けます（第18図）。なお，この４枚は縦に並ぶようにするのも一法です。そ

して左手の掌を上向きにしてその手が空であることを示します。

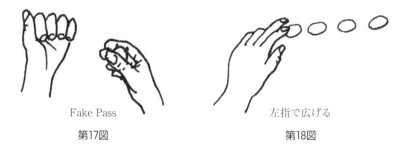

Fake Pass
第17図

左指で広げる
第18図

37　テーブルのコインを1枚拇指と中指で摘まみあげて，それを左手に
　　放ります。左手はコインを受けたら手を握り拳にします。次に第二，
　　第三のコインについても右手が同じ動作でコインを拾い，コインを左
　　手に放るところは最初の1枚と同じですが，最後の4枚目のときに，
　　指先の1枚と密かにフィンガーパームに保持した1枚を一緒に左手に
　　投じます（第19図）。左手はコインを受ける瞬間は手を開き，コイン
　　を受けたらすぐ握って拳にします。

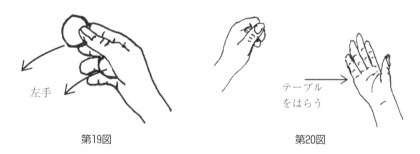

左手

第19図

テーブル
をはらう

第20図

38　4枚が左手に放られたところで，右手の掌を上に向けて，その裏側
　　の甲でテーブルを2回左から右に掃うようにします（第20図）。
　　　それはテーブルの汚れを取る常用の行動に見えますが，術者の狙い
　　は右手が空であることを間接的に示すことです。

39　左手は持っているコイン5枚を重ねて束にしてテーブルの左寄りに
　　置き，両手が空であることを示します（第21図）。そして，左手でコ

インの束をつかみ，上着の左ポケットに入れてコインを全部そこに残して手を出してきます。これで演技終了です。

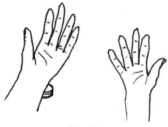

第21図

14 移動するコイン
(Coins Across)

解 説

　　コインが手から手に移動するという奇術はコインマジックの定番であり，音楽に例えると四楽章構成のシンフォニーのようなものであると言えます。ですからコイン奇術研究者であれば一度はそのような手順の構成に挑戦したことがあると思います。グラスとかハンカチとかの付随的小道具は用いず，またテーブルの上だけで現象を見せるベアハンドのコインの移動は「コインズアクロス」と総称され，いろいろ工夫してみると多種多様な手順の構成が可能です。筆者は長年，カンガルーコインズやトラベリングセンタボズのような奇術を愛好してきましたが，ここで腰を据えてコインズアクロスに挑戦することにいたしました。創作するからには，これで満足という決定版でなければなりません。ここに提示する手順は，利用可能な最適の手法を駆使して構成しました。ぜひ，ご研究いただきたいと思います。

効 果

　　連続写真でご覧いただきます。

コインが4枚あります

1枚，2枚…

3枚，4枚

4枚を

左手に持ち

ワン，ツー…

スリー！

1枚が右手にきました

1枚，2枚…

3枚あります

右手は1枚です

ワン，ツー，スリー！

142

2枚になりました

その1枚，……

2枚を左手に持ちます

ワン，ツー，スリー！

左手は1枚になりました

右に3枚あります

ワン，ツー，スリー！

左はゼロです！

右手に4枚になりました

用　具	用いるのはコイン4枚，大きい方が現象がはっきりしますから，1弗銀貨か千円オリンピック銀貨がお勧めです。
準　備	用意は必要ありません。

<table>
<tr><td>方　法</td><td>細やかな指使いが大切なので，丁寧に説明します。</td></tr>
</table>

<table>
<tr><td>方　法
第一段</td><td>1　コイン4枚をテーブルに一列に並べ，両手が空であることを示します（第1図）。</td></tr>
</table>

2　ここから，右手で一列のコインの右側から順に取りあげてコインを重ねていき，4枚を束にして左手に手渡す動作をしますが，実はここに秘密の動作が一つあります。まず，一番右のコインに右手をかけるのですが，そのときの指の位置は拇指が手前，食指がコインの上面，中指がコインの向こう側です。ここで「1枚」と言います。そして，そのコインをそっと持ちあげて第二のコインの上に重ねるのですが，実は上の第一のコインを第二のコインの真上でなく，左にコイン半分の幅だけずらして重ねるようにします。このとき下の第二のコインは上のコインと右手の陰になります（第2図）。ここで「2枚」と言います。

第1図　　　　　　　　　　　　第2図

3　次に右手でコイン2枚を重ねたまま持ちあげます。そのときは第一のコインに中指がかかっており，第二のコインは右薬指と小指がささえています（第3図）。この動作はテーブルにマットがあると楽ですが，ないときはテーブルの端で作業をするのが次善の策です。

4　さて，次はこの右手の2枚のコインを第三のコインの上に重ねるの

ですが，このときは第三のコインが第一のコインの真下になるように
調整します。そして「3枚」と言います。

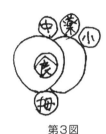

第3図

第4図

5　最後は3枚を右手で持ちあげて最後の第四のコインの上に重ねるの
ですが，このときも第四のコインは第一，第三のコインと同じ位置で
す。言い変えると，4枚のうち第二のコイン1枚だけが右にずれてい
ることになります（第4図）。

6　そして，右手でその4枚をそのまま持ちあげ，「4枚」と言います。

7　次に左手の掌を上向きにして，右手の真下の位置に持ってきます。
そして，右手を少し捻り，持っているコインの上面が少し観客の方を
向くようにします。その角度はせいぜい10度くらいで十分です。ここ
で右手の中指の力をゆるめてやります。すると支えを失った3枚のコ
インが左手に落ちますから，それを受取った左手を握り拳にします。
右手に残るコイン1枚はそのままただ持ち続けているだけでいいので
す。丁度観客から見えない位置になります。この動作は右手のコイン
を左手の放るのではなく，ただ右中指を緩めるだけでコイン3枚は自
然落下します。

8　ここでミスディレクションのため左手の握りを緩めにしてその拳を
上下に振ります。するとコインがジャラジャラと音を立てると思いま
す。このタイミングを活用して，右手の中指，薬指でコインを右掌に
押し付けて，クラシックパームに保持します。

9　ここから左手は甲が上を向くように回転させ，右手はクラシック

パームを活用して指をやや開き加減にして，指先がテーブルに触るく
らいに構えます（第5図）。

10　術者は「ワン，トゥー，スリー」とおまじないをかけます。この時，
　　「ワン，トゥー」は手をそのままの構えで，「スリー」のとき両手を
　　握りしめます。

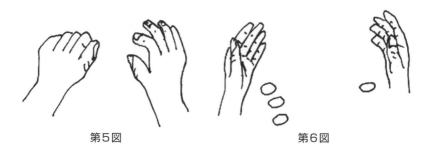

第5図　　　　　　　　　　　第6図

11　右手を開き，コイン1枚をテーブルに落とします。そして続けて左
　　手も開き，コイン3枚がテーブルに出るようにします（第6図）。

方　法
第二段

12　右手で左側の3枚のコインのうち1枚を取りあげま
　　す。このときはコインの下に中指を入れ，拇指をコイ
　　ンの上に当てて，コインを挟み持つようにします。

13　左手の掌を上向きにして，右手のコインを左手にポンと置きます。
　　その位置は中指の上がいいでしょう（第7図）。

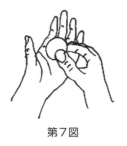

第7図　　　　　　　　　　　第8図

14　次が秘密の動作です。右手で同じ手の使い方で2枚目のコインを取りあげます。そしてそれを左手に手渡す動作をするのですが，実は右手のコインと左手のコインの縁同士がぶつかるように仕向けます。右手はこのとき拇指を完全に放しますが，中指の方は第二のコインの下にコインをささえた姿勢のままです（第8図）。こうすると，コイン同士がぶつかるチャリンという音がよく聞こえます。そこで右手拇指を再びコインの上に当ててそのコインを右手に確保し，それを7cmくらい右に引きます。左手は握り拳にします。そして，その右手で最後の3枚目のコインを取ります。

15　この3枚目は堂々と左手に置きます。左手はコインを受けるときだけ開き，コインを受けたら握りしめます。一方右手はコインも持ち方をフィンガーパームにして，その拇指と食指の指先で右側の1枚のコインを拾いあげます。そして，右手は指が上を向くように構え，指先のコインを観客によく見せます（第9図）。このときフィンガーパームのコインは完全に観客の視線から隠されています。ラムゼーサトルティに似ています。

第9図

第10図

16　ここで，右手の指先のコインを右手の掌に落とすようにします。実はその手にはもう1枚コインがあるのですが，フィンガーパームとは離れているので音を立てる心配はありません（第10図）。

17　左右の手の甲が上を向くように構えます。このとき右手の掌のコインを食指の先で押さえておくと，フィンガーパームのコインとぶつか

る心配がないと思います（第11図）。

18 ここで効果的な音の活用をします。まず，左手の握りを緩めにして，上下に２回揺すりチャラチャラという音を聞かせます。続けて右手で同じ動作をしますが，このときは音がしません。次に「ワン，トゥー，スリー」とおまじないを唱えますが，このとき右手は２枚のコインを一緒に握るようにします。そして，再び左手を揺するとチャラチャラと音がしますが，続けて右手を同じように揺すります。するとチャラチャラと音がするので観客はおやと思うことでしょう。

第11図　　　　　　　　　　　　　　第12図

19 両手の掌を上に向けて手を開き，コインをテーブルに出します。テーブルには左右２枚ずつのコインが並びます（第12図）。

方　法
第三段

20 右手で左側のコインの１枚を取りあげますが，このとき大切なことは中指を上手に使ってコインを拇指と食指の間に持つようにすることです。コインは拇指と食指が作るＵ字形に平行でなければなりません（第13図）。

第13図

これは次の動作の準備なのですが，この持ち方をするために左手を補助に使うことは厳禁です。必ず片手で動作をします。

21 左手の掌を上向きにして手がしゃもじの様な姿になるように構えま

す。その真上に右手を持ってきます。右手は拇指が上，四指が下向き
でコインが垂直になっています。両手の位置は右手の小指が左手の四
指の先に当たるような位置です（第14図）。この位置で，コインをさ
さえている右手の拇指を緩めます。するとコインは右手の指の方にパ
タンと倒れて指の上に着地します。このコインは指に着地したときに
は観客の視線から隠れなければなりません。この動作がうまくいくた
めには手の角度が大切なので，あらかじめ練習で角度を決めておくと
いいと思います。このタイミングで左手をさっと握り拳にします。す
ると観客の目には，コインが右手から左手に手渡されたように見えま
す（第15図）。なお，この技法は石田天海師の考案した優れたフェイ
クパスの方法です。

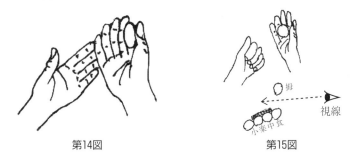

第14図　　　　　第15図

22　ここからは天海師の技法の拡張版です。右手でコインをフィンガー
　　パームの位置で隠したまま，その手で第二のコインを拾いあげます。
　　このときも右手だけで操作することが肝要です。そして，第一のコイ
ンでやったと同じ動作をもう１回実行しま
すが，一つ違うのは，右拇指でコインを放
したとき，そのコインが指にあるコインに
当たりそこで「チャリン」と音を立ててさ
らにそれが左手に落ちるように仕向けるこ
とです（第16図）。この動作はクリックパ
スと呼ばれる技法を模したものですが，天

第16図

海師のトスの動作でクリックパスを実現する方法はあまり知られていないと思います。

23　次に，コインを1枚隠し持っている右手でテーブルの右側のコイン2枚を拾いあげます。注意はコインが不用意にぶつかって音を立てないことです。それと同時に3枚のうち1枚のコインを右手のサムパームの位置に確保しておきます。

24　両手を握り拳にして，ワン，トゥー，スリーのおまじないをかけます。このときは両手の指が中側，甲が外側を向いているのがいいと思います。

25　まず，左手の掌を右に向けて手を開きコイン1枚がテーブルに落ちるようにします。

26　左手が1枚であることを確認したら，左手はそれを再び取りあげて握りますが，そのとき甲を観客の方を向けて，指が手前側になるように構えつつ，コインを手の中に握らず，コインが左手の指の爪と掌部に挟まるようにします（第17図）。

第17図

27　ここからはハンピンチェンムーブを活用します。ただし，そのハンドリングは独特の方法です。筆者の研究ではコインズアクロスの最後の1枚をさばく最善の方法は第三段目の最後にハンピンチェンを使うことだと認めております。

28　右手が甲を下にして左手に近づき始めます。そのとき左手の握りを緩めてコインがテーブルの落ちるようにしつつ，その手を左方向に10cm程度動かします。そして，元左手のあった位置まで右手を運び，そこで右手は掌を下に向けて手を開きます。右手からはコインが2枚落ち，左手からの1枚と合わさって合計3枚がテーブルにころがります。右手にはもう1枚がサムパームされていますが，それは観客からは見えません（第18図）。

第18図　　　　　　　　　　　第19図

29　続けて，右手でテーブルの３枚のコインを拾いあげるのですが，こ
のときの大切な注意点はサムパームの手でコインを拾いあげる動作に
食指を参画させてはいけないという点です。言い換えると拇指と中指
だけで３枚のコインを拾いあげる必要があります（第19図）。右手は
コインを無事拾い終わったら握って拳にします。このとき，左手は甲
を下向きにして指が真上を向くように構えるのがいいと思います。

方　法
第四段

30　左手の握りをややゆるめ，中を覗き込むようにして
「最後の１枚ですので，お見落としのないようにご注
意下さい。」と言います。両手を握り拳にして「ワン，
トゥー，スリー」とおまじないをかけます。

31　直ちに左手の掌を上に向けてパッと開き，それが空であることを示
します。

32　続けて右手を開き，コインを１枚ずつテーブルの上に置いていきま
す（第20図）。

33　最後の両手が空で
あることをよく見せ
て演技を終わります。

第20図

コラム

Can you push this coin through the hole?

英語ではできるが日本語ではできないという微妙な芸です。使う道具は葉書1枚，一円玉，500円玉，オリンピック千円銀貨（アメリカのハーフダラーや一弗銀貨でもいいでしょう）。それと鉛筆1本です。

<u>＜準備＞</u> 葉書の真ん中に直径20mmの丸い穴をあけておきます。

<u>＜方法＞</u> 1 穴あきの葉書とコインを示し，「Can you push the coin through this hole?」と質問します。最初に一円玉ですが，これは直径20mmですから，丁度葉書の穴をスルスルと通り過ぎることができます（第1図）。

穴あき葉書
一円玉
直径20mm

第1図

2 次は500円玉です。これは直径25mmですから，直径20mmの穴は通らないと常識的には思うでしょう。ところが，実は500円玉も葉書の直径20mmの穴を通り過ぎることができるのです。その理由は，紙に柔軟性（伸びるのでなく，曲げることが可能）があるので，穴の部分をひっぱって，その円弧部分が直線に近くなるように調整することができるからなのです。葉書は紙質がやや堅めですが，だいたい20度程度折り曲げると500円玉が穴を通過させることができます（第2図）。

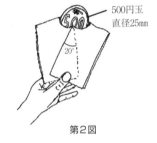

500円玉
直径25mm

20°

第2図

3 最後はオリンピック千円銀貨ですが，これは直径が35mmもありますから，この方法では解決ができません。ではどうやるか？その答えは左手に葉書，右手に鉛筆を持ち，鉛筆を葉書の穴を通して，その先端でテーブルの上の千円銀貨を押してやることです（第3図）。

この状態は英語ですと "You see I am pushing the coin through the hole." という発言が間違っていないことになるのでした。英語を母国語とする人はこのギャグに大笑いします。でも，日本語では，残念ながら，そのような微妙な言い回しがありません！

オリンピック
千円銀貨
直径35mm

第3図

15 四人のキャンパーの話
（A Story of Four Campers）

解　説　　コインとカードを使い，別々の場所に置いたコインが一か所に集まってくるという現象を表現する奇術がありますが，それを総称してCoins Assemblyと呼びます。この現象の奇術を効果的に演ずる工夫がいろいろなされていますが，ここに紹介する方法は誠にオーソドクスな方法です。その特色は４人の仲間のあだ名と性格の表現の面白さにあることがおわかりと思います。

効　果　　ではこの奇術の現象を連続写真でご覧いただきましょう。

４人のキャンパーにテント２個しかない！

４人の紹介！

こわがりは外で寝させられないので，……

テントに寝かせた

そして，ちゃっかりは

何時の間にか

もう一つのテントを占領した

残る2人が野宿となったが

さむがりが夜中にくしゃみをした

そこでテントに入り込んだ

テントは狭いが

2人で寝た

ひがみやが目を覚まし

1人だけ外はおかしいと

テントに入り込んだ

154

狭いが3人で寝た

翌朝心配でこわがりに声を
かけた

こわがりは狭いテントに入
りこんで寝ていた

| 用 具 |

コインはアメリカの50セント銀貨（ハーフダラー）で
よいでしょう。カードを2枚使いますが，これはハンド
リングの都合上ブリッジサイズであることが必須です。
　テーブルにはマットが敷いてある方がいいでしょう。上等なテーブル
クロスがかかっている場合にはそのままでも大丈夫です。

| 方 法 |

1　4枚のコインを正方形の形に配置します（第1図）。
2　4枚のコインは4人のキャンパーを表すものとしま
　　すが，それぞれにあだながありますので，覚えにくい
ので別紙で示します（第2図）。

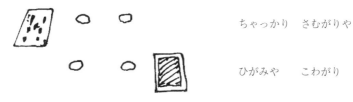

ちゃっかり　さむがりや

ひがみや　こわがり

第1図　　　　　　　　　　　　　　第2図

3　術者はカードを左右の手に持ちますが，左手のカードは表向き，右
　　手のカードは裏向きです。
4　ここから大切な秘密の動作が一つ行われます。まず，左手のカード

を左上のコインの真左の位置に持ってきて，カードを持っている右手の食指でそのコインを左に押して，それが左手のカードの中央に位置するようにします（第3図）。この時点ではカードは水平に保ちます。このとき大切なことは左手の拇指と食指の間にカードを挟むようにして持ち，残る指はカードの裏に丸めておくという点です。コインは拇指が支えています。

5　「このキャンパーはあだなが『こわがり君』であり，全員がテントに寝かせることに賛成しました。」と説明します。

第3図　　　　　　　　　　　　　第4図

6　次にそのカードをコインの元あった位置に持って来て，右手のカードでコインの右半分を隠すようにしておいてから，左手のカードの右側を下げて，コインが右方向に滑り落ちるように仕向けます。するとコインはテーブル上に滑り落ちるように見えますが，そのとき左手の3本の指を伸ばして，コインを密かに受け取ります（第4図）。

7　そして左手の3本の指を左に引いてコインがカードの裏に完全に隠れるようにしておいて，右手のカードをそっとその位置に置きます。このとき右手拇指でカードを押さえるのも自然でしょう（第5図）。以上の動作がスムーズに行われると，コインは右手のカードの下に置かれたように思われ，それが左手のカード

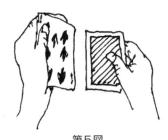

第5図

の裏に隠されていることには気づかないでしょう。

8 裏側にコインを隠した左手を術者から見て右下の位置にあるコインの真左のところに持って来て，そのコインを右手の拇指で左に押してカードの上の乗るようにします（第6図）。左拇指がそのコインを支えます。

第6図

9 「残る3人については誰がテントで寝ることも考えられたのですが，この人はあだ名が『チャッカリ君』であり，いつの間にか彼がテントで寝てしまいました」と説明します。

10 次の動作が大切です。観客にはカードの上のコインを右手にトスするように見せかけて実は隠した方のコインをトスします。その方法ですが，左手で持っているカードを裏返ししつつ，拇指でなく中指の方を放すようにするのです（第7図）。

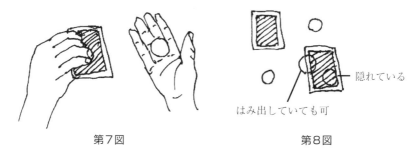

隠れている

はみ出していても可

第7図   第8図

11 コインを受取った右手はそのコインをテーブルに滑り落とします。

12 1枚のコインを隠し持った左手のカードをそのまま右手に取り，それでテーブルのコインをカバーします。コインがハーフダラーで，カードがブリッジサイズですと，コイン2枚を隠すのは大変ですが，このときコインがぶつかってカチンと音を立てるのは最悪であり，2枚のうち，秘密でないコインは多少カードからはみ出していても差し支えないのです（第8図）。

13 ここで術者からみて左下のコインを左手に取ります。このときコインは左手の拇指と食指で挟み持つようにします。これは左手だけでそうするべきであり，右手を補助に使ってはなりません（第9図）。

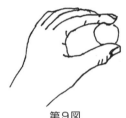

第9図

14 ここからコインを消す動作を行いますが，活用をお勧めする技法は基本技法の「嘘の手渡し（Fake Pass）」で詳細に説明した「天海のフェイクトス」か「ピンチバニッシュ」の手法がお進めです。消す動作が2回続きますから，それぞれを使うという作戦もいいでしょう。

15 「夜中にこの『さむがり君』がくしゃみをして，寒いと言い始めました。しかたがないので，『チャッカリ君』は『さむがり君』をテントに入れてあげることにしました」これが台詞です。

16 コインの消滅の演出ですが，左手の拇指，食指で持っているコインを右手に手渡す動作をしますが，実際にはコインは左手に残り，右手は空のまま握ります。そして右手をやおら開くと空であることがわかります。

17 ただちに空の右手で右下のカードを取りあげます。このときの指の位置は，拇指がカードの手前端，中指がカードの向こう端です。

18 右手を返してそこにもコインがないことを示し，コインを1枚隠していた左手の上にそのカードをそっと置きます。

19 右手でそのカードと隠しているコインを持ち，それで右下のコイン2枚をカバーします。この時もコインがぶつかる音を聞かれるのは最悪であり，隠している以外のコインが多少カードからはみ出すのは差し使えありません（第10図）。

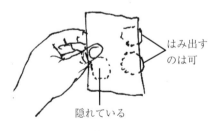

はみ出すのは可

隠れている

第10図

20 次は『ひがみや』君の取扱い

です。ここは『さむがり君』の扱いとほぼ同じです。

21　台詞は次のとおりです。「夜中に『ひがみや君』がトイレに起きたとき見ると『さむがり君』が居ないことに気づきました。そこで『俺だけ野宿は不公平だ』と言い始めました。そこで仕方なく狭いですが，こちらで3人が寝ることになりました。」

22　このコインを消す手続きは2枚目のときと同じですが，左手のコインを隠したカードを左手で表返して見せる手続きを踏みましょう。これは手を返す瞬間に，左拇指でカードを押し出すようにする手法です。コインが上手くカードに隠れるので，裏から見ても表から見てもコインがあるようには見えないのです（第11図）。

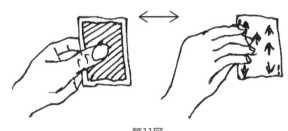

第11図

23　コインを隠したカードを見えている3枚のコインの上にのせるときも音は厳禁であり，コインがはみ出すのはOKなのです。

24　いよいよクライマックスです。「さて，朝になりました。このテントの3人は起きると顔を見合わせました（右下のカードを指さす）。そしてあちらにテントに寝かした『こわがり君』のことが急に心配になりました。テントをノックしましたが，返答がありません（左上のカードを上から指ではじく）。『こわがり君』は怖がって気を失っているのではないか。そこでテントをめくってみました（左手で左上のカードを取りあげて表返しして脇に置く）。するとそこには『こわがり君は』いませんでした。おかしいですね。そこでこちらのテントを開けてみました（右下のカードを右手で取りあげて，表返しして脇に置く）。驚きまし

た。『こわがり君』は独りでは寂しくて寝られず，いつの間にか無断でこちらのテントに潜り込んで寝ていたのだそうです」
以上でこの面白いお話とマジックは終わりです。

16 錬 金 術

(Alchemy)

　コインが手の中で劇的に変化するという奇術はなかなか魅力的です。それを近代的手順に仕上げたダイ・バーノンの作品に「Spellbound」と題する奇術があります。そして，コイン奇術研究家とした知られるデービッド・ロスがその後「Wild Coins」と題する作品を発表しています。筆者はその各々について違和感を禁じえませんでした。観ると，Spellboundの場合には銅貨が銀貨に，銀貨が銅貨にという具合に目まぐるしく変化するため，観客として何が何なのかがこんがらかってしまうのです。一方，Wild Coinsの場合には錬金術的演出であり，銅貨が銀貨などに変化するところはわかりやすいと思いました。ところが最後に銀貨に変化した銅貨が全部元の銅貨に戻ってしまうというエンディングになっているのは残念です。それでは中世の偽錬金術と同じではありませんか。なぜ，そういう演出になるかというと，実は舞台裏に事情があり，種の処理の都合上でそういうことになるのでした。筆者はこのように不満を感じていたので，いろいろな研究で欠点を取り除き，自然な流れの手順を構成し，エンディングでは銅貨から変化した金貨は4枚とも金貨であることを確認してクライマクスとする方法を開発しました。そこで題名も「錬金術」(Alchemy)としました。

効果

この手順の効果を連続写真で表現しておきます。

カップをあけると

中からコインが出て来る

銅貨4枚である

黒光りしている裏表をあらためる

1枚を左右の手で見せ

それを左手に投ずる

袖をたくしあげると

銅貨が金貨に変わる

裏もピカピカである

金貨をカップに入れ

次の銅貨を取り

左手に置くと金貨に変わる

裏もピカピカである

金貨をカップに入れる

第三の銅貨を取る

こちらが表

左手に銅貨を置き

袖を手繰ると

金貨に変わる

裏もピカピカである

金貨をカップに入れる

最後の銅貨である

表は黒い

裏も真っ黒である

こすると金貨に変わる

裏もピカピカである

確かに金貨である

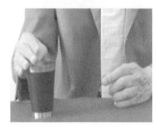
金貨をカップに入れる

カップの中身を検めると確か
に金貨4枚である

<table>
<tr><td>

用　具

</td><td>

コインの変化の用具には，しばしば西洋のコインと中国の穴あきコインという組み合わせが用いられます。そ

</td></tr>
</table>

れは見た目で，違いがはっきりするからとエクゾチックなコインの魅力のためでしょう。しかし，この手順は「錬金術」を標ぼうしますから，使うのは黒っぽい銅貨と金色に輝く金貨という組み合わせを提案することにしました。銅貨が4枚，金貨が5枚必要です。筆者がいいと思う銅貨は十進法になる前の英国のペニーです。このコインはビクトリア女王時代から同じコインが使われ続けてきたので，古いものは表面がすり減っており，黒錆で黒光りするのもよく見られます。それがまだ茶色く光っている新しいエリザベス女王のペニーと混ざって最後まで流通していました。十進法変更後の現在はこのペニーは古銭なのですが，大量に流通していたコインですから古銭商で簡単に入手できると思います。問題はそのサイズ（直径30mm）の金貨です。正直，筆者は

これに向く金貨の情報を持ち合わせません。世界で，金貨は現在でも発行されることがありますが，だいだいコレクターの引き出しに収まってしまい流通しません。仮に直径30㎜の金貨が発行されると，大変高価になると思います。世の中には一見金貨に見える疑似コインがあり，サイズもいろいろです。ただ大きいものが多く，筆者もサイズが英国の旧ペニーと合う金貨に見えるものをさがしているところです。

　ところで，最後に4枚が全部金貨であることを示すためには種が必要です。筆者は2008年にその種をボール紙で手作製しました。用いるカップは不透明なプラスチックか金属のものがよく，種はセロテープなどで簡単にセットできます。その種の設計図を紹介しておきます。

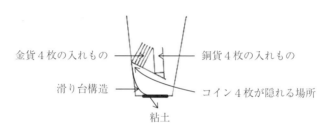

金貨4枚の入れもの　　　　　　　　　　　銅貨4枚の入れもの
滑り台構造　　　　　　　　　　　コイン4枚が隠れる場所
粘土

カップ工作の設計図

　なお，最後にコインを1枚処分する目的のためにカップの底にゴム粘土をくっつけておくことをお勧めします。

準　備　　種のカップに銅貨4枚，金貨4枚をセットします。そのほかに金貨がもう1枚必要です。それを右手にクラシックパームするのが準備です。

方　法
第一段　　1　まず，コインをクラシックパームしている右手でカップを掴み，90度左に傾けて，口が左を向くようにします。このカップは90度傾くと銅貨が出て来る設計になっていますので，銅貨4枚がテーブルの上にザラザラと出てきま

す。カップをテーブルの右側に置き，銅貨4枚をテーブルの上に横一列に並べます。そして，右手で右側の2枚を裏返しし，左側の2枚を左手で裏返しします。もちろん，このとき，右手にクラシックパームされたコインがちらつかないように注意が必要です。

2　右手の指先で右端の銅貨を取りあげて観客に示し，そのコインを左手に放り，左手の指先でそれを受取ります。

3　左手はコインを受け取り，それを指先に持ち直して，それを右手に放り戻します。このときは右手がコインを1枚クラシックパームしていますからコイン同士がぶつかって音を立てることがないように注意が必要です。そのためには右手を垂直に指が下向きになるようにして，指だけが水平になるように構えて，そこで左手からのコインを受け止めます（第1図）。

4　右手で受け取ったコインを再び指先に持ちかえて，もう一度，そのコインを左手に放って，左手を握ります。このときは，受け取る左手は掌が上を向ける方が自然です。この動作のタイミングで，右手はクラシックパームをはずしてフィンガーパームに切り替えます。

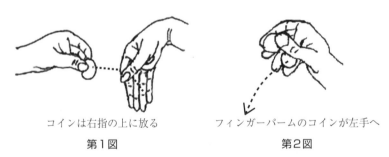

コインは右指の上に放る　　　　　　フィンガーパームのコインが左手へ

第1図　　　　　　　　　　　　　　第2図

5　次に，左手を開き，コインを右手の指先で持ち，そのコインを左手に放ります。左手がコインを受取ったら一旦握りますが，すぐに手を開き，再び右手の指先でコインを取りあげます。そして，もう一度改めてコインを左手の放る動作をします。ただし，今回は，指先のコインを拇指と食指で摘んだままに保ち，フィンガーパームしていたコイ

166

ンが左手に放り込まれるようにします（第2図）。この動作はBoboの
Modern Coin Magicにも解説された古典的なコインのすり替えの技法
です。ボボはこの技法を，コインをクラシックパームした状況で実行
し，指先のコインをサムパームしようとする前提で解説していますが，
筆者の見解では，パームはクラシックパームよりフィンガーパームの
方がよく，また残る方のコインをサムパームにする必要はなく，ただ，
コインを右手の拇指と食指ではさみもち，それが観客に見えない位置
になるようにすれば十分であると考えます。

6　右手にあった金貨が左手の掌に落ちたら左手を直ちに握ります。

7　ここで，このコインの移動の直後に，右手の指で左手の服の裾を引
きあげる動作をするのが格好のミスディレクシションになります。見
ていると，左手がよく見えるようにという演者の配慮の何気ない動作
のように感ずるのですが，実はこれがこのときの技法をきれいにカ
バーする役割を果しています。

8　左拳をもごもごと動かしてから，手を開くと金貨が登場します。そ
うしたら，左手の金貨を指先でひらりと返して，裏もピカピカである
ことを確かめます。「このとおり，錬金術で銅貨が金貨になってしま
いました」と言います。

9　次の段階ではデービッド・ロスがハーフシャトルパスと呼んだ手法
が使われます。同じ作戦はボボも使用していましたが，これは極めて
自然なコインのすり替えであり，応用範囲が広いです。

　　左手の金貨を中指の第二指骨あたりに置いたまま，右手の指でそれ
をつかみに行きます。しかし，実際には自然に左手の甲が観客の方を
向くようにやや内側に回転させ，左手は金貨を持ったままに保ち，金
貨は右手には取らないのです。そして，一方，右手はコインを取った
振りをします。そして，そのままその右手をカップの上まで移動して
いき，その指で前から保持していた銅貨をカップの口へ落とし，チャ
リンと言わせます（第3図）。この動作は何げなく実行するのがコツ

であり，よく見るようにと
わざわざコインを指先に持
ちかえるのはかえってマイ
ナスです。

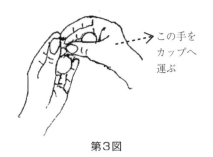

この手を
カップへ
運ぶ

第3図

方法
第二段

10　ここで，左手の指先で2枚目
の銅貨を取りあげて観客によく
見せます。このとき金貨はその
手の第二指骨の位置で確保されており，観客か
らは全く見えません（第4図）。

第4図

11　この左手のコインを右手の中指の指先の関節
の位置にそっと置き「この銅貨の表はこのよう
に黒光りしています」と言います。

12　次に，右手を返して，このコインを裏返して左手に置きにいく動作
をするのですが，実は右手の拇指でコインを押さえ込んでしまいます。

13　この瞬間まで左手は掌を上向きにしてリラックスしていたが，実は
金貨が指に隠されていたのです。その位置が第二指骨の位置であれば，
丁度指の陰になっており，観客の視線からは隠れていたはずです。

14　右手がコインを置きに来たとき，左手を一旦握って開きます。コイ
ンの位置が指から掌中央に移動します。そして，同時に右手の拇指で
左手のコインをたたきます。そして，実際にこのコインに当たるのは
右手の拇指だけです。このときコインとコインがぶつかってはいけま
せん。

15　リズムよくこの動作をすると右手拇指が左のコインにあたるポンと
いう鈍い音が観客にも聞こえます。そうしたら，直ちに左手を完全に

平らに開き，右手の中指の先で左手のコイン
の表面をごしごしと擦る動作をします。そし
て，右手をやや引くと左手の掌には金貨が現
れます。「そしてコインがこのように金色に
変わりました」と言います（第5図）。

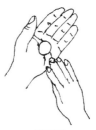

第5図

16　右手の指先で左手のコインをひらりと返し
　て，「そして，このコインの裏の面もこのよ
　うに金色です。つまり錬金術で銅貨が金貨に変わってしまったわけで
　すね」と言います。

17　次に第一段と同じハーフシャトルパスでコインをすり換えて，右手
　で銅貨をカップに落とします。左手は金貨を隠し持ったままです。

方　法
第三段

18　ここで，第二段と同じように左手で第三の銅貨を取
　りあげて観客に示します（第4図参照）。

19　このとき，左手は掌を上に向けリラックスさせてい
ます。

20　次に，右手の拇指と中指で左手の銅貨を摘みあげます。そして，左
　手の食指でその表の面を指差し，「これが表です」と言います。そし
　て，右手で保持している銅貨を左の掌に置きに行く動作をするのです
　が，実際には左手は金貨を指の第二指骨のところで隠し持ったままで
　あり，右手はフェイク・プレイスメント（ロスの命名ではリテンション
　バニッシュ）を実行します（第6図）。

21　ここで，左手を握り，再び右手を
　使って左手の袖を引きあげます。こ
　れも第一段と同様，有効なミスディ
　レクションになります。

22　左手の拳の指をもごもと動かし，
　手を開くと金貨が現れます。

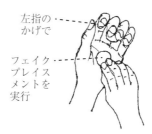

左指の
かげで

フェイク
プレイス
メントを
実行

第6図

23 金貨を裏返し，「裏もこのように金色です。また，錬金術が成功しました」と言います。

24 ここで，再びハーフシャトルバスでコインをすり替え右手でコインをカップに落とします。

方　法
第四段

25 最後は，バーノンのスペルバウンドのあざやかな手法を活用します。まず左手で第二段と同じように左手でコインを取りあげます。そして，それを一旦右手にフレンチドロップの位置に置きます。（第7図）言い換えるとコインは右

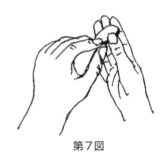

第7図

手の拇指と四指の間に橋のように渡されることになります。ただし，小指はほとんど仕事をしていません。

26 ここで，右手のコインをよく示し，同時にその手が空であることを見せます。

27 次に，左の食指で右手のコインを180度回転させてやります。つまり，コインの裏表が逆になります。このとき「この銅貨はこちらが表，こちらが裏です」と説明を加えます。

28 ここで，バーノンは左に隠したコインをパースパーム（フロントパーム）の位置に持ちかえます。ただしパースパームでなくフィンガーパームの位置のままでもさほど問題はないと思います。左手にコインを隠したまま，左手のコインを右手のコインの位置に持ってきて，右手のコインが観客の視線から隠れた瞬間に，拇指をゆるめて，右手の銀貨をフレンチドロップのように右手の指の上に落としてしまい，左手の金貨を代わりにその位置にそっと置きます。これが古典的フレンチドロップの動作を使ったバーノンのスペルバウンドムーブです。なお，現代では，フレンチドロップはフェイクピックアップの技法とし

ては不自然であると言われていますが，コインのチェンジにその手法を使うとなぜか不自然さが気になりません。

　左手の指で右手のコインをこする動作をして，左手を完全にどけると，右手の指先の銅貨が見事に金貨に変化したように見えます。

29　ここで左手が空であることを示し，それからその食指で，右手の拇指と四指で保持している金貨をくるりと180度回してやります。観客からは金貨の表と裏がよく見えます。

30　右手の金貨を左手の指先で摘みあげ，それを一旦左手の指先に持ち，掌を上に向けて手を完全に広げて公明正大に見せます（第8図）。このとき右手は銅貨をフィンガーパームの位置で持っています。

第8図

31　ここで，左手のコインを指先で保持したまま指を垂直に構え，右手でそのコインを取りあげる動作をしますが，実際にはフェイクピックアップの技法を活用し，左手の拇指を緩めてコインを左手の掌近くに落としてしまいます。右手はコインを取ったジェスチャーでフィンガーパームしていたコインを指先で持ちます。

32　次に，コインをパームしている左手でカップを持ち，右手のコインをカップに入れます。

| エンディング |

33　「中世の錬金術はすべて失敗であり，仮に銅貨が金貨になったように見えても時間がたつと再び銅貨に逆もどりするようなものだったと言われています。今日ご覧いただいた錬金術はマジックですから，金貨は金貨で間違いがありません」と言います。

34　右手でカップを掴み，少し揺すると中でコインが音を立てます。そうしたら，最初にやったようにカップを左に傾けますが，角度が90度

を超えて120度くらいになると金貨が4枚テーブルにザラザラと出て
きます。それがこの仕掛けのすぐれたところです。

35　このときカップの底には4枚の銅貨が隠されている状態になります
　　が，そこに「滑り台」構造があり，右手がカップの向きを元に戻すと
　　きにあまり音がしないような工夫がなされています。ただし，それで
　　も少し音が気になりますので，右手がカップの向きを戻すタイミング
　　で，左手がテーブルの金貨を整える動作をするのが賢いと考えます。
　　その程度でカップの中の音はかき消されます。

36　以上が終わったら，右手のカップ
　　を左手に手渡し，左手はカップの上
　　の口の部分に拇指，下の底の部分に
　　四指が当たるように受け取ります。
　　すると左手にパームされている金貨
　　がカップの粘土につきます。それを
　　指で押して，金貨がカップの底に
　　くっつくように仕向けます（第9図）。

第9図

37　右手でテーブルの金貨4枚を重ねて合わせ，左手のカップを右手で
　　取り，テーブルの右寄りに堂々と置きます。そして左手でテーブルの
　　金貨を拾い上げてカップの中に入れて演技を終了します。

注
　上記に提案したカップの種作りができれば効果は上々ですが，仮にそれがたい
へんな場合には，中が二つのコンパートメントに分かれたがま口を活用する
便法があります。仮にコンパートメントをAとB　と呼び，指で下からそれを
自由に押さえることができるならば，次のように動作すればいいのです。セッ
トとしてはAに銅貨4枚を，Bに金貨4枚を用意します。演技の始めに，がま
口の口を開けたら，下でBを指で押さえてがま口を逆さにします。Aの銅貨が
登場します。そしてがま口は口を開けたままテーブルの脇に置きます。途中銅
貨から変化して金貨になったコインはAに次々に入れていきます。そして最後
は下からAをおさえてがま口を逆さにするとBの金貨が出てきます。

17 守銭奴の奇跡
(Misers Miracle)

マイザーズドリームというとネルソンダウンズが得意
とした舞台でコインを次々と取り出す芸を意味しますが,
マイザーズミラクルはアメリカの奇術界でダイバーノン
もその創作力を評価したジェリー・アンドラスの名作クロースアップマ
ジックの名称です。名前が似ているので混同しないようにしなければな
りません。この奇術はいかにもアンドラスの創作らしいすぐれた手順で
構成されています。密かに隠したものを手から手に手渡して隠すという
作戦は誰でも考えますが,自然な動作でそれと感じさせないように演ず
るアンドラスのアプローチはその後のコイン奇術研究に大いに影響を与
えたと考えられます。手順に不満な個所は全く見当たらず,筆者もわず
かな追加的工夫のほかは,原作を尊重して演ずるように心がけておりま
す。

| 現 象 |

カードから不思議なことにコインが次々と登場します。
その様子を連続写真でご紹介しましょう。

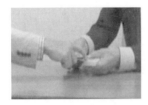

観客がトランプを指さす

術者はそのカードと…

隣のカードを取る

2枚を検めてから

重ねると中から1弗銀貨が
出て来る

カードを切り混ぜる

再びカードを指さす

また中から1弗銀貨が出て
来る

カードを1枚だけ持つ

カードを半分に折り

真ん中からちぎり

二片にする

174

二片を重ねると

ハーフダラーが出て来る

2片の片方を捨てて

残る切片を半分に折る

そして二つにちぎり

切り離す

1／4の切片から1弗銀貨が登場！

銀貨は切片より大きい！

この手順のプロット

　カード一組を取り出して，観客にカードを指ささせます。観客はカード奇術かと思いますが，指さしたカードと隣のカードと2枚を取り，両方とも裏表をよく検めてから重ねてみると間から1弗銀貨が現れます。カードをよく切り，同じことをもう一度やるとまた1弗銀貨が出現します。次にカードを1枚取り除き，残る1枚を二つに折り曲げてそれを二つの切片に切ります。切片2枚をよく検めますが，その中から銀貨が登場します（原案ではこれも1弗銀貨ですが，筆者は演出上，ここで出現させるのは50セント銀貨（ハーフダラー）にしています）。最後に切片の一方を捨てて，残った切片（カー

ドの1／2のサイズ）を二つに折り，切断します。するとその間からまた
1弗銀貨が登場します（原案では出現するコインは4枚とも1弗銀貨ですが，
筆者の演出では，観客は最後にコインが出て来るとすれば，25セント銀貨
（クォーター）だろうと想像するでしょう。そこで1弗銀貨が出てくるクライ
マックスの方が，意外性があると考えました）。

<table>
<tr><td rowspan="2">用 具</td><td>1　主役のコインはここで提案の手順では1弗銀貨3枚とハーフダラー銀貨1枚です。</td></tr>
<tr><td>2　カードは必ずブリッジサイズを使います。ポーカー</td></tr>
</table>

用　具

1　主役のコインはここで提案の手順では1弗銀貨3枚とハーフダラー銀貨1枚です。

2　カードは必ずブリッジサイズを使います。ポーカーサイズでは効果が半減します。

3　筆者はカードに一個所だけ仕掛けをします。それは2枚のカードの上端と右側をメンディングテープ（セロテープでも代用できる）で止めただけのものです。

4　アンドラスは取り出すべきコインをポケットや膝に隠しておくのですが，筆者は専用のセルバンテという種をボール紙で手作製して使うことをお勧めします。

　これはハーフダラーと1弗銀貨との2枚をスムーズにロードする目的とする簡単な入れ物ですが，裏に両面セロテープを貼っておき，演技の直前に観客に気付かれないように両面テープのビニールカバーを取り去って，セルバンテをテーブルの手前端にピッタリと貼りつけます。

　そこから第三段のハーフダラーと第四段の1弗銀貨をロードすると動作がスムーズで自然に演技ができます。

準　備

1　前述の種カードに1弗銀貨をセットしてから一組のボトムにそれを置き，ケースに入れておきます（第1図）。それを右ポケットに用意します。

2　最初の1弗銀貨はあらかじめ，左ポケットに準備します。

3　演技に先立ち，セルバンテに1弗銀貨とハーフダラー銀貨を入れて，テーブルの手前端にセットします（第2図）。

第1図　　　　　　　　　　　　　　　　第2図

| 方　法 |
| 第一段 |

1　左ポケットに左手を入れ，コインをフィンガーパームし，その手をポケットから出します。右手で右ポケットに入れ，そこからカードケースを取り，ポケットから手を出します。ケースから一組のカードを取り出してそれを左手に持ちます。このとき，ボトムにセットされている種からコインが出て来ないように注意しなければいけません。

2　ここでカードを少しシャフルします。これはカードを立てず，水平にしたままオーバーハンドシャフルするのがよいでしょう（第3図）。

次に両手の間にカードを広げます。このとき左手のコインは指先で持つようにします。ボトムの種は左下が開いていますから，カードは右上を下げ気味にするのが安全だと覚えておくといいでしょう。

ここで観客の1人に1枚のカードを指差してもらいます。

4　観客がカードを指差したら，そのカードの下に左手の中指でコインを移動してやり，それを右手の中指で保持します。そして，そのカードより下のカード全部を左手で左方向に移動して，それをテーブルの脇に置きます（第4図）。

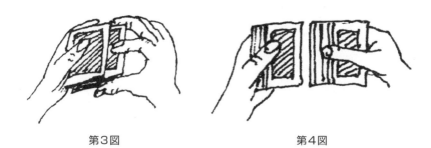

第3図　　　　　　　　　　　　　　第4図

5　ここからが大切な動作ですが，まず，左手で観客が選んだカード
（右手のカードの一番下）を取ります。そのとき，左手の拇指をカード
の表側にあて，四指をカードの裏に当てるようにします（第5図）。
そして，左手を返して，そのカードを表向きにして，元の位置に戻し
ます。そのカードはコインの上に差し込まれることになります（第6
図）。

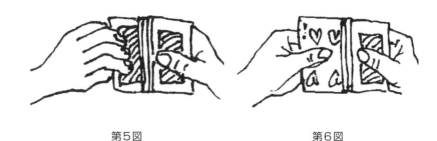

第5図　　　　　　　　　　　　　　第6図

6　この瞬間に右手中指のコインを左に押して，左手中指で受け取りま
す。そして右手を返して裏向きのカード全体を表向きにして，その一
番上のカードを左手のカードの上に押し出して，左手のカードの上に
取ります（第7図）。この流れるような動作にあわせて，「お客様が選
んだカードは〇〇，次のカードは××」と2枚のカードの名前を確認
します。

7　そうしたら，右手の向きを直して，残りのカード裏向きし，それを
左にどけておいた半分のカードの上にポンと乗せてしまいます。

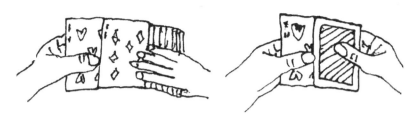

第7図　　　　　　　　　　　　第8図

8　このとき，左手には2枚の表向きのカードがありますが，実はその下にコインが1枚隠されているのです。ここで右手で上のカードを取りにいきます。拇指が裏側で四指が表側に当たります。そして，右手を返して，そのカードを裏返し，左手のカードの上にずらせて重ね，その瞬間に左手のコインをカードの裏で右手に移動します（第8図）。

9　そして，左手で左手のカードを左方向にやや引き，そのカードの裏表をあらためます。

10　ここで，左手のカードの上に右手のカードを重ねます。このとき，右のカードの下に隠れていたコインは2枚のカードに挟まれるようになります（第9図）。

第9図

11　2枚のカードの左右の側を両手の指で持ち，上のカードを5mm程度手前に引いておいて，向う側を下げるようにすると，中のコインがテーブルの上にチャリンと転がり出るでしょう。

12　コインをテーブルの右に退けて，使った2枚のカードを一組の上の乗せて，カード全体を取りあげ，左手に持ちます。そして，この一組を普通にオーバーハンドシャフルで切ります。切り始めは一組の下半分くらいを右手に取ります。そうすると，ボトムに隠してあったコインが重みで左側に自然に出て来ますからそのまま左手に収まることになるでしょう。

13　ここからは，第一段と全く同じ手続きを踏み，その演技を繰り返します。そして，最後に2枚の
カードの間にコインが隠れて
いる状態で，今度はカード2
枚を重ねて右手に持ち，それ
を左に傾けてコインが滑り出
るようにします。そして，コ
インがテーブルの上に出る瞬

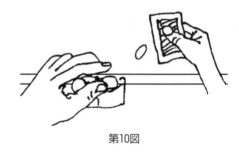

第10図

間，空いた左手をテーブルの端に何気なく位置させ，その拇指で用意していた半弗銀貨をセルバンテから密かにその手に取ります（第10図）。そして，2枚のカードをその上に保持します。

14　第三段からは雰囲気が最初の二段とはがらりと変わります。この後半の二段はアンドラスの才能を十分に発揮した巧妙な手順となっています。

　テーブルの上のコインを右にどけます。手の2枚のカードのうち上の1枚を表向きにします。そして，上のカードを右手で右に引き，コインをその下に密かに取ります。左手で残るカードを他のカードに加えてしまいます。

15　右手のカードの下にはコインが隠されていますが，それを一旦左手で持ち，右手でカードを起こしてそれが垂直で横向きになるようにします。コインは手前に隠れている状態です（第11図）。

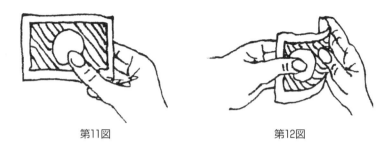

第11図　　　　　　　　　　第12図

16　ここで，コインをカードの裏の左半分の位置に移動し，それを左拇指で確保したまま，右手の四指でカードの右端を向うに押して，カードを半分に折ってしまいます（第12図）。

　　折ると左側でカードの両端が揃う感じになります。右手で右側を拇指と他の指でおさえて，折り目を確実にします（第13図）。

17　そうしたら，カードを再び広げ，両手でカードを上からビリビリと二つにちぎっていきます。ちぎり終わる寸前にカードの一番下だけが少しつながっているだけの状態にして，ちょっと動作を休め，右手を一旦はなし，右手の拇指をカードの向こう側，四指をこちら側に当てて，持ち直し，カードの右半分を下に捻って，左右を完全に分断します（第14図）。

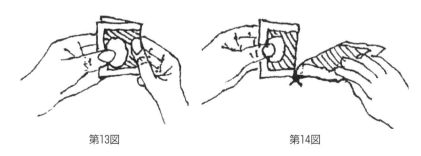

第13図　　　　　　　　　　第14図

18　このとき，左手を時計の反対方向に90度回転させると，右手がカードの右半分をちぎり終わった瞬間に，二つの切片が揃うような位置に来ます。このとき，左手の半分の右側（今まで下側だった辺）と右手の

半分の切断面の間に隙間がないように
うにして，左手の拇指で隠していた
たコインを右手の切片の後ろに移
動してしまいます（第15図）。

第15図

19　そして，さらに動作を続けて，
右手の切片を手前に引き，左手は
向うに押し出します。ここで，左
手の切片をクルリと表返して，それを右手の切片の手前に重ねます。

20　いまや，コインは2枚の切片に完全に挟まれています。そこで，右
手を下げてカードを水平にしてテーブルの近くに持ってきて，指の力
を緩めます。すると，カードの間からコインがテーブルの上に滑り出
るでしょう。

21　この瞬間に左手は最後の1ドル銀貨をセルバンテから密かにとって，
指で保持します。

方　法
第四段

22　左手の指の上に乗っているコインの上に2枚の切片
を置きます。

23　右手で上の1枚を取り，それを裏表よくみせてから，
それを左手の1枚の右にずらせて重ね，左手の中指でコインを右に押
し出し，それを右手の1枚の下に確保します。そして，左手で左の1
枚を左方向にやや引き，そこ
で左手を返して，それが裏返
るようにしながら，その食指
を伸ばして右手の方を指差し，
「このカードの切れ端を使い
ましょう」と言います（第16
図）。そして，左手の切片を
テーブルの左の方にどけてし

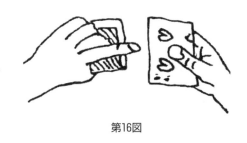

第16図

まいます。

24　右手で残る切片を垂直にします。表が観客の方を向き，コインは手前に隠されている状態になります。このとき，カードの切断面が上向きか下向きになっていることが大切です。このとき，ブリッジサイズのカードの半分が1ドル銀貨を隠すのに丁度ギリギリの大きさなのです。

25　左手でカードを保持し，その拇指でコインを左方向にずらしながら，右手で切片の右半分を向うに押しで，切片を二つに折ります。これは第三段でもやった動作と同じですが，第三段では，隠されたコインは左手の半分に隠すことができました。ところがこの第四段では，切片が小さいので，左半分にコインを隠すことができません。それで，コインを密かに左拇指で左方向にずらせておいたのです。カードを折った瞬間はまだコインは左手側にずれて位置しています（第17図）。

26　右手の指で折り目を確実にしてから，その折り目の位置を右指で持ち，左手の拇指でコインを右方向に移動させて右指で保持します。そして，左手の食指を切片の左側から2枚の間に差し込みます（第18図）。

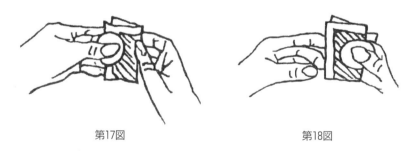

第17図　　　　　　　　　　第18図

27　ここで，コインを右手拇指で左方向に再度移動し，左手拇指でささえおいて，右手をはなして，折りたたんだ向こう側をつかみ，その位置をもとの右に戻します（第19図）。

28　両手で切片を折り目にそってさらに半分に引きちぎります。ただし，カードが完全に分離する直前で動作を止め，コインを裏で左手から右

手に移動します（第20図）。

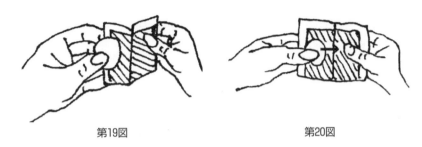

第19図　　　　　　　　　　　　　第20図

29　そして，右手を手前に引き，左手を向うに
　　押し出して，切片を完全に二つに切り離し，
　　左手の切れ端を右手の切れ端の上に重ねます。
　　このサイズになると，もはや，コインはその
　　切片では完全に覆い隠すことができません。
　　コインは切片より右方向にはみ出している状
　　態です。そこで，そのはみ出した個所を右手

第21図

　　の拇指で完全に覆い，右手を下げて切片を水平にします（第21図）。
30　指を緩め，コインが切片の左側からテーブルの上に滑り落ちるよう
　　にします。観客が物事を先回りして考えると，ここで登場するかもし
　　れないコインは25セント銀貨（クォーター）と想像されますから，小
　　さな切片からまた大きな1弗銀貨が出で来るので度肝を抜かれること
　　でしょう。
31　これでこの奇術は終わりですが，最後に切片をコインの上に置いて
　　みて，コインが切片より大きくて，それでコインを隠すことができな
　　いことを強調します。

18 富は富を生む
(Money Produces Money)

解　説	筆者が力書房「奇術研究」にこの手順を発表したのは 1966年です。すると，「お札とコイン」の奇術を研究し はじめてから，はや45年が経過しようとしていることに

なります。この奇術創作のきっかけは，たまたまレクチャーのため来日 したジェリー・アンドラスとの交流でした。彼は「お札とコイン」とい うテーマにテーブルに分厚いマットを敷いて演ずる手順を考えていまし たが，私は裸のテーブルで演ずる方法を模索していました。そのときは 将来作品を紹介し合おうと合意してお別れしたのでした。最近さらに磨 きあげて完成したのが以下の手順です。

効　果	連続写真でその印象をお示ししましょう。

札入れから

千円札を取り出し

三等分に折りたたむと…

千円銀貨が出て来る！

お札に銀貨を乗せて

それを中にお札を折りたたむと…

銀貨が2枚になる！

お札を検め

銀貨を1枚入れてお札に畳む

すると銀貨が1枚！

さらに2枚目が登場する！

種明かしを始めるという

「中に1枚隠しています」

「これで演じます」

「1枚出るのは当然です」

おや2枚目ですね！　　まだまだ現れます　　あらあらこれはきりがありま
　　　　　　　　　　　　　　　　　　　　せん

用　具　　お札に千円札を使い，コインとしてはオリンピック千
円銀貨を用いるとなかなか効果的です。それが必要枚数
揃わない場合には，1弗紙幣とハーフダラーで演じても
いいと思います。

準　備　　この手順では，コインの補給が必要であり，常識的に
は上着の左ポケットから密かにコインを取るのが普通の
発想でしょう。しかし，筆者は，その効果を美しく仕上
げる目的で，コインを補給するための簡単な種の使用を工夫しています。
それはボール紙で簡単に手製で作ることができるセルバンテであり，演
技に先立って，それを目立たないようにテーブルの手前にそっと貼りつ
けるのがいいと思います。このためには両面セロテープのお世話になり
ます。その構造を第1図にお示ししておきます。ここで大切なことは右
側の銀貨5枚を収納する部分は手前に30度くらい傾斜している構造に
なっていることです。この工
夫により，左手の中指を5枚
の銀貨とテーブルの縁との間
に差し込んで，銀貨5枚をス
ムーズに取ることが可能にな
ります。

そのほか，上着の左ポケッ

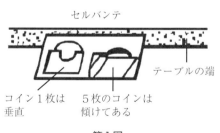

セルバンテ

コイン1枚は
垂直

5枚のコインは
傾けてある

テーブルの端

第1図

187

トにコインを2枚，右ポケットに1枚用意しておきます。

　なお，使うべきお札はあらかじめ横巾を三等分するように折り畳み，折り癖をつけてから広げておくのが賢明です。そしてそれを財布の中に用意しておきます。そのお札の下にコインを1枚密かに用意しておきます。

方法
第一段

1　左手に財布をもち，右手で中から無造作に千円札を取り出しつつ，それと気づかれないように千円札の裏にコインを隠し取ることがまず第一歩です。

2　財布を片付け，お札を右手で持ち，左手の掌の上に平らに置きます。このときコインはお札の裏に隠れています。

3　ここで，お札を右手で挟み持とうとします。拇指がお札の下，中指がお札の上になります。そして，コインは右手の拇指で確保します。

4　右手でお札を垂直にして観客に示します（第2図）。コインは右手の拇指が確保しています。

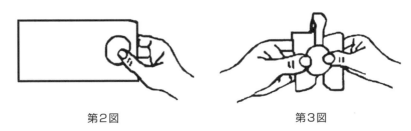

第2図　　　　　　　　　　　第3図

5　ここで，左手でお札の左端をつかみます。そして左右の手を近づけ，コインを密かに左手の拇指にゆだねます（第3図）。そして，両手でお札をピンピンと左右に引っ張ります。これはお札をピンと広げようとする動作ですが，その動作が終わったとき，自然に右手がお札から離れるようにすることが大切です（第4図）。

6　ここで，右手でお札の右2／3を向こう側に折り曲げ，そのまま左方向に折り畳みます（第5図）。

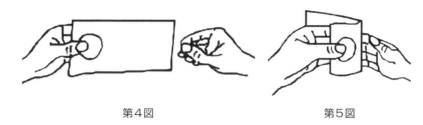

第4図　　　　　　　　　第5図

7　折り終ったら，折り目を右手で持ち，左手を放し，直ちにお札の左端を持ちます（第6図）。そして，右手の拇指を伸ばして，お札の裏のコインを左手の拇指にゆだねます（第7図）。

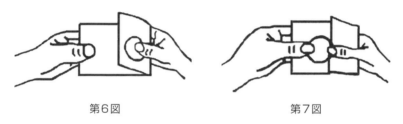

第6図　　　　　　　　　第7図

8　そうしたら，今度は右手をお札から放し，お札の右側の折り目がしっかりつくように指でお札をよく押さえます（第8図）。

9　このとき，左手の拇指を伸ばして裏に隠されたコインがお札の折り目の中に入るようにしむけます（第9図）。

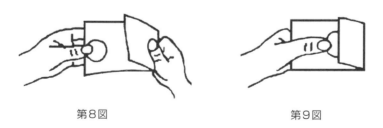

第8図　　　　　　　　　第9図

10　ここで，お札の右側の折り目の部分を右指でつかみます。拇指が向こう側，他の指が手前側に当たります（第10図）。

第10図

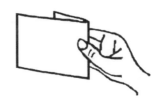

第11図

11 この右手を返して，お札を180度回転させます（第11図）。そうしたら，今度は左手でお札の左１／３を向こう側に折り畳みます（第12図）。これによってお札は巾の１／３の大きさに畳まれたことになります。これを右手の指で持ちます。

12 右手の指の力を緩めるとコインがスルリとテーブルの上に落ちます。観客には空のお札からコインが突然出現してように見えるでしょう。二川滋夫氏のコイン奇術

第12図

解説書の処女作「コインマジック」にはこのコインの出現が丁寧に解説されています。

13 ただし，この手順においては，このコインの出現は全手順のイントロ部分に使われているので，コインが出現した瞬間に，左手は次のコインを１枚補給する必要があります。筆者愛用のセルバンテを使う場合，左手の拇指がテーブルの手前端でコインを１枚そっと引きあげて確保することになります。

| 方法 |
| 第二段 |

14 左手にコインをフィンガーパームして，その上にお札を平らに置きます。このとき，お札の下で密かに左手の食指と小指の先がほとんどくっつくようにします

第13図

（第13図）。右手でテーブルの上のコインを拾いあげ，それをお札の中央に無造作に放ります。お札の下で，左手の食指と小指の先をつけるようにしたお陰で，お札の下のコインはお札から離れているので，2枚のコインがぶつかる音がすることはありません。

15　右手の拇指をお札の下に回してお札の下のコインを確保し，中指で上のコインを押さえて，そのままお札を垂直にします（第14図）。そして，左手でお札の左1／3を向うに折り畳み，続いて右手で同じ動作でお札の右1／3を向うに折り畳み，お札を1／3巾の筒状にします。ただし，手前側に1枚のコインが隠されています（第15図）。

第14図　　　　　　　　　第15図

16　これを右手で保持し，指を緩めると，テーブルの上に2枚のコインがチャリンと落ちることになるでしょう。

方法
第三段

17　お札をテーブルに置き，左右の手で2枚のコインを1枚ずつ拾って示します。そして，上着の左ポケットに視線を送り，そこに左手のコインを入れるふりをして，実際にはそれをフィンガーパームしてポケットから手を出してきます。そして，右手に視線を送り，そのコインを一旦テーブルに置き，その手でお札を取りあげて左手の掌の上に平らに置きます。そして，左手食指だけをお札の上に出して，右手でお札の向こう端を摘み，それを手前に引きます（第16図）。するとお札の表裏が逆転することになりますが，その下に隠されているコインは見えることはありません（第17図）。

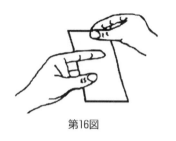 

第16図   第17図

18 ここで，お札の下になった左拇指をお札の上に戻します（第18図）。
  そして，右手で出現したコインをテーブルから取りあげて，静かにお
  札の上に置きます。

19 さて，ここで，右手でお札を2枚のコインで挟むように拇指でお札
  の下のコインをささえ，中指でお札の上のコインをささえます。そし
  て，それを両方ともお札の手前の方向に引いてきて，右手でお札を垂
  直にします（第19図）。

 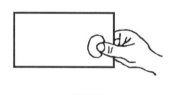

第18図   第19図

20 この位置で，右手の拇指を上に，中指を下にずらせます。そうする
  と2枚のコインの位置が上下にずれることになるでしょう。

21 このまま左手でお札の左2／3を向こう側に折り畳み，コインを持
  つ手を左手に変更します。このときコインが音をたてないように注意
  する必要があります（第20図）。

22 次に，右手で右に突き出したお札の1／3部分を手前に折り畳み，
  手前に隠れていたコインがお札の筒の中に入るようにします（第21図）。

192

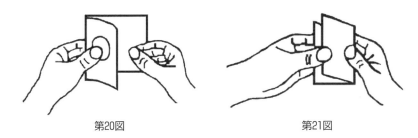

第20図　　　　　　　　　　　　　第21図

23　このお札の筒を最後に右手で持ちます。このときは，右手の掌が観客の方を向くようにして，手前に食指と中指を当てます。その２本の指はお札の中のコインを別々に１枚ずつおさえこむようになります。お札の向こう側には拇指が当たっています（第22図）。

24　そのまま，右手を180度返し，拇指が手前になるようにします（第23図）。

第22図　　　　　　　　　　　　　第23図

25　お札の筒を縦に保持し，右手の中指をまず緩める。当然，コイン１枚がテーブルの上に落ちます。そして，少し間をおいて，右手の食指を緩めると，次のコインがテーブルの上に落ちます。

| 方法 |
| 第四段 |

26　ここで，「では，いまごらんになった手品がどうしてできるかをご説明いたしましょう」と言い，お札を一旦テーブルの上に置き，左手を上着の左ポケットにつっこみ，左手はポケットのなかでコインが音をたてないように静かに２枚のコインをフィンガーパームします。そして，首を傾げながら，右手を上着の右ポケットに入れて，左手はそっとポケットから出

します。そして，右手で1枚のコインを取り出してきて，それを示し，
「これが種です」と言いながらそれをテーブルの上に一旦置きます。
右手でお札を取りあげて，左手（コインをフィンガーパームしている）
の上の平らに置きます。そして，右手でテーブルの上のポケットから
取り出したコインを拾いあげて，お札の上に静かに置きます。そして，
同じ手でテーブルの上のコインをもう1枚拾い，お札の上に置きます。
ただし，このときは，2枚のコインは位置がずれて，右側のコインが
上になるように位置させます（第24図）。

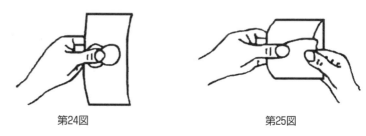

第24図 第25図

27　ここで，右手でお札の上端と下端を摘み，それでコインを覆うよう
　　にします（第25図）。このときは，コインがしっかり包まれるように
　　する必要はなく，コインが軽くお札に包まるくらいで十分です。そし
　　て，「実は，手品師はこのように，1枚のコインをお札でくるむよう
　　に見せかけて，密かに2枚をくるむのです。」と説明します。

28　次に，右手の拇指を
　　お札の筒の中に差込み，
　　1枚のコインをお札の
　　中から外に抜き取る動
　　作を行うのですが，実
　　際には右手の中指の先

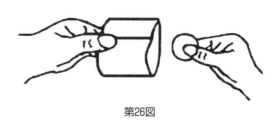

第26図

　　で，お札の下に隠されている2枚のコインのうちの下のコインをさっ
　　と抜き出して，それをテーブルの上に置きます（第26図）。

29　この瞬間までは，沢山隠し持っているコインがいくらか音をたてて

もいい理屈ですが，１枚のコインを抜いてからは，コインが音を立て
てはおかしいので，音がしないように最大限の注意を払う必要があり
ます。

30　ここで，「したがって，コインが１枚このように出てきても，中に
はまだコインが残っているわけです」と説明を続け，この説明に合わ
せて，お札の右側が観客の方を向くようにして，右手の指でお札の端
を少しめくりあげて，中のコインが１枚だけ見えるようにします（第
27図）。このとき，左側に隠れているコインは左手の拇指で押さえこ
んで，見せないように注意する必要があります。

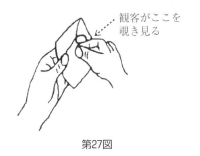

観客がここを
覗き見る

第27図

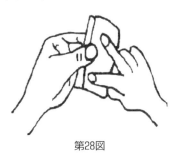

第28図

31　次に，右手の拇指をお札の下に回し，お札の下のコインを支えるよ
うにして，お札の中のコインを右食指（左側）と中指（右側）でお札
の上から押さえ込みます（第28図）。

32　この右手のおさえ方がしっかりして
いればコイン３枚が音を立てる心配は
ありません。そこで，このお札を垂直
に持ちます（第29図）。このとき，観
客はお札の中にはコインが１枚しかな
いと思っているのですが，実は３枚の

第29図

コインが隠されているわけです。この瞬間は，その３枚が右手の拇指，
食指，中指でそれぞれささえられています。

33　いよいよクライマックスです。まず，右手の中指を緩めるとコイン

が1枚テーブルの上に落ちます。「するとこのようにコインが出現させることができます」と説明をします。これは観客も予想していることです。

34　次に右手の拇指を緩めると，第二のコインがテーブルの上に落ちます。これには，観客もびっくりするでしょう。

35　観客が第二のコインで驚いた瞬間に，間髪を入れず，右手の食指を緩めると，さらにもう1枚の第三のコインがテーブルの上に落ちてきます。このときは，術者も自分でびっくりしたという表情をするといいと思います。この瞬間が，左手が最後のコイン5枚を密かに取りフィンガーパームする絶好のタイミングです。

36　そして，この手順の最後では，コインの出現を奇術として凝った見せ方をすべき場面ではありません。したがって，空になったコインの筒を右手から左手に持ち変えて，右食指でテーブルの上を指差し，「どういうわけかコインがず

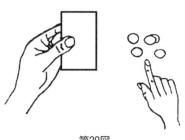

第30図

いぶんでてきましたね」と言いながら（第30図）次の瞬間に左手の握りを緩めて，保持していた5枚のコインを全部次々とジャラジャラテーブルの上に落ちるようにするだけで演出は十分です。観客は直前に奇術が終わったと思っているので，このクライマックスに度肝をぬかれることになるでしょう。術者も「あれあれ！」と一緒に驚いてみせるのが効果的です。

19 グラス・コイン・ハンカチ
(A Glass, Coins and a Handkerchief)

<table>
<tr><td>解　説</td><td>　このシリーズで取りあげているコイン奇術は，ほとんどがテーブル上で演技されるクロースアップマジックですが，この作品だけは小舞台向きの奇術（サロンマジック，</td></tr>
</table>

パーティーマジック，クラブアクトとも呼ぶ）です。観客の規模は数名から40名くらいまでが理想でしょう。

　「コインとハンカチ」は多くの研究家が好む小品奇術のテーマであり，これまでにいろいろな手法が開発されていますが，小舞台で演ずるのに適する決定版の手順は確立されていません。筆者はコイン・マジック・マスター・クラスと称する小人数の研究会を催していますが，この手順はそこでのメンバーのご協力を得て完成を見ることに至ったものです。大変実用的な手順です。研究に値する素材になると思います。

<table>
<tr><td>現　象</td><td>　ハンカチからコインが現れたり，消えたり，増えたり，移動したり，貫通したりと不思議な現象が次々と起こります，最後には超大型のコインが出現してクライマック</td></tr>
</table>

スに至ります。おおよその進行を連続写真でご覧にいれます。

グラス，ハンカチはあるが　　コインがない　　突然コインが登場します！

コインをハンカチに入れる　　開くとコインがない　　消えてしまいました！

ポケットにありました！　　まだあります！　　きりがありません！

日の出です　　太陽は　　夜は地球の下にいます

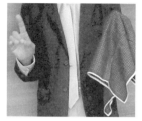

朝，鳥が鳴くと

太陽が出てきます！

ハンカチには穴はありません

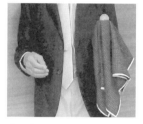

次は夕日です

日の入りです

日が沈みました

手を返すと

コインはハンカチの中です

外に出てきました！

雨の日の話です

コインはハンカチの中です

消えました！

四隅を畳み

逆さにすると

コインが再登場します！

太陽の話は終わり

お月様の話にします

薄曇りのおぼろ月は素敵ですね

薄雲がかかっていると

月は見えません

雲が晴れると月が見えますが…

また雲の陰になります

また月が出てきました！

月が太陽と一緒になると…

日食となります

月が太陽を隠すのです

ここに太陽がありますが…

全く見えません

内ポケットに…

ありました

コインをグラスにいれます

左手にハンカチをかけ

コインを1枚取ります

このコインを

ハンカチに入れて

おまじないをかけると…

何と，こんな大きな太陽が
出てきました

1　コイン，筆者がこの奇術に最適と考えるのは，アメリカの１ドル銀貨です。使うコインの数は４枚です。

クロースアップの演技ではないので，舞台用の１弗銀貨サイズのパーミングコイン（奇術用具として提供されている薄手の模造コイン）を用いるのもいいと思います。

2　ハンカチは木綿製の平凡なものがよく，色は白でもよいでしょう。また，逆に暗い色，例えば濃紺のような色のものいいと思います。サイズは一辺が45cmくらいの大き目のハンカチがいいでしょう。なお，シルクは軽すぎるし，透き通るのであまり好ましくありません。

写真1

3　最後に取り出すジャンボコインは奇術用具としても手に入りますが，大きなメダルでも代用できます。またボール紙を丸く切り抜き，凹凸をデザインしてから銀紙を貼って作るという方法もありえります（写真1）。

中央が使用をお勧めする米１弗銀貨，右上は500円のジャンボコイン，右下はケネディハーフダラーのジャンボコイン，左下は鉛色のジャンボコイン，左上は手製のジャンボコインであり，ボール紙２枚でデザイ

ンした台紙に銀紙を張りつけて作製した品です。

4　グラス1個，これは浅いシャンパングラスが適当です。それはコイ
　ンの存在が観客に見えやすいこと，また置くのにも，取りあげるのに
　も動作が容易であることがメリットです。ただし，最近流行気味の背
　の高いシャンパングラスはこの目的には適しません。

準　備

1　ジャンボコインはワイシャツの胸ポケットに準備し
ます。

2　上着の胸ポケットにティッシュペーパーを丸めて入
れておきます。これは胸ポケットがペチャンコでない方が後で都合が
いいからです。

3　上着の左内ポケットにコインを1枚用意します。なお，演技をス
　ムーズにする目的でこの(1)と(3)の準備のために上着の左内ポケットあ
　たりに二つの専用のポケットを作って縫い付けるのは素晴らしい案で
　あり，これはお勧めです。

4　上着左ポケットにコインを2枚入れておきます。なお，この2枚は
　こすれるときに音がしないように表裏の表面に透明なセロテープを
　貼っておくことがお勧めです。

5　ハンカチを丁寧に畳み，その一隅が1cm程度首を出すように胸の
　ポケットに入れておきます。

6　観客の前に登場する直前に左手にコイン1枚をフィンガーパームし
　ておきます。

方　法
第一段
プロローグ

以下でご説明する手順の演出は一つの案に過ぎません。
好みによっては台詞なしで，音楽伴奏付きのパントマイ
ムという演出も考えられるでしょう。

1　右手にシャンパングラスを持って登場し，舞台中央
に立ち一礼し，グラスをテーブルに置きます。そして「グラス，コイ

ン，ハンカチーフという三題話をしたいのです。テーブルにグラスが
あり，ハンカチはここにあります」と言い，術者は胸のポケットに視
線を送り，右手でハンカチの端をつかみ，そのハンカチを引き出して，
一振りします。

2　このとき，右手は拇指と食指，中指でハンカチを軽く持つのがいい
でしょう（第1図）。そして，左手の拇指と食指ですぐその下の左側
をつまみ持ち，そこからハンカチを左にしごきます。左手がハンカチ
の隣の隅のところまで来たら，両手でハンカチを振り，それをよく見
せて検めます（第2図）。コインは左手のフィンガーパームで保持し
たままであり，観客からは見えない位置になっています。

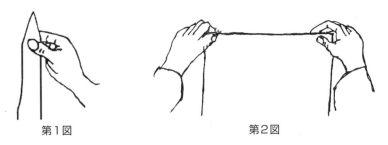

第1図　　　　　　　　　　　　第2図

3　そのままの左手の位置と右手の位
置を入れ替えてハンカチが張るよう
にするとハンカチの裏をあらためる
ことができます（第3図）。このと
きも，コインは観客からは見えない
位置になっています。次に，手を元
の第2図の位置に戻します。これで

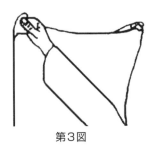

第3図

ハンカチの表裏をあらためたことになります。「グラスとハンカチは
これで整いましたが，どうもコインが見当たりません。そういう場合
どうするのがいいか，考えましょう」と言います。

4　そうしたら，今度は右手をハンカチから放し，ハンカチが左手にぶ

ら下がるようにします。このときは，左手は拇指と食指だけでハンカチを持つようにします。すると中指，薬指，小指がハンカチの手前に来ます。その薬指がフィンガーパームのコインを保持しているわけです。

5 　左手で摘まんでいるハンカチの位置のすぐ下の向こう側に右手の四指を回し，拇指を手前にしてハンカチが右手の拇指と食指で作る輪の中に垂れている状態にして，その右手を下にしごいて真下に抜きます（第4図）。これは左手が持っているハンカチを右手がしごく動作に見えるでしょう。この動作をあと2回繰り返してから右手を開き，手が空であることを見せ，次にその右手の掌を上に向けてハンカチの中央の真後ろあたりに構えます。

　そして，密かに左手のフィンガーパームの握りを緩め，コインが下に落ちるようにしむけ，落ちてきたコインを右手で受け取ります（第5図）。このコインの動きはすべてハンカチの陰になっているので，観客からは見えません。そのためには両手の位置に注意が必要です。その注意を怠るとコインが落ちるところを観客に見つけられます。

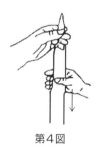　　　　

第4図　　　　　　　　　　　　　第5図

6 　右手がコインを受け取ったら，左手を手前に引き，ハンカチを右手に掛けてしまいます。この一連の動作では，コインを落とすときに手の動作が止まってはいけません。全体がよどみのないスムーズな連続した動きにならなければならないのです。

7 　そうしたら，左手はハンカチの垂れている四隅のうちの左側に位置

する隅を掴みます（第6図）。

8　その間に右手はコインを拇指と食指の
　　先に持ちかえておきます。

9　準備が整ったら，左手でハンカチを勢
　　いよく左に引きます。すると右手の指先
　　にコインが突然出現したように見えます。
　　そうしたら，ハンカチを右腕に掛けて，
　　右手のコインをグラスにチャリンと落と
　　します。

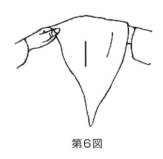

第6図

<table>
<tr><td>

方 法
第二段
コインの戯れ

</td><td>

10　両手でハンカチを広げて，それを空中に浮かせつつ
　　左手を素早くハンカチの下に入れて，ハンカチが左手
　　にかかるようにします。このとき左手は掌が上向きで
　　指も上を向いていることが大切です。そして，ここか

</td></tr>
</table>

　らは体をやや左半身にします。

11　右手の拇指と食指とでグラスのコインを取りあげます。大切なこと
　　はコインを右手の拇指と食指だけで持つことです。中指，薬指，小指
　　は食指に添えてあるだけです。コインは右手の拇指，食指が作るU字
　　形に平行になっています。この姿勢は，天海トス（天海ドロップ）の
　　準備です。なお，この姿勢を作るのは右手だけで行う必要があります。
　　左手を補助に使ってはいけません。

12　ここからの天海トスの要点を説明します。右手のコインを表が観客
　　の方を向くように構え，右手の小指が左手の四指にハンカチを通して
　　触れるくらいのところに持ってきます（第7図）。そこで右手拇指を
　　緩め，そこにあったコインがパタンと90度後方に倒れて，右手の中指，
　　薬指の上に着地するようにします。そのタイミングで左手をハンカチ
　　ごと握ります（第8図）。

第7図　　　　　　　　　　　　第8図

　するとコインがハンカチを持っている左手に手渡されたように見え
るはずです。大切なことはこの動作の後，右手のコインが観客の視線
から隠れるという角度の調整です（第9図）。ここまで来たら，右手
は一旦力を抜いて体の右側にブラリと下げておくのがいいでしょう。
右手を長時間中空に構えたままにするのは不自然です。

13　次に右手の指先でハンカチの右側にある隅を掴み，ハンカチを右に
　　引きます。ハンカチを取り去られた左手を広げて，その手の表裏を検
　　めら，空であることを示します（第10図）。

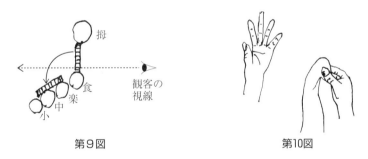

第9図　　　　　　　　　　　　第10図

14　そして，ハンカチを持っている右手はハンカチを上下に一振りしま
　　す。

15　これで天海トスによりコインの消滅が演出されたことになりますが，
　　ここから術者はコインを続けて3枚出現させます。

16　そのために，まず，右手のハンカチを左手に手渡し，コインをパー
　　ムしている右手で上着の右ポケットのところをポンポンと叩きます。

続けて，ハンカチを右手に戻し，今度は左手
で上着の左ポケットのところをポンポンと叩
き，うなずいてから，左手を上着の左ポケッ
トに入れて，そこで1枚のコインをフィン
ガーパームし，もう1枚を指先に持ってポ
ケットから手を出します。そして指先のコイ
ンを観客によく示します（第11図）。このコ
インをグラスにチャリンと入れます。

第11図

17　次に両手でハンカチを広げて検めてみせ，直ちにそれを右手にかけ
　　ます。そして，右手のコインを指先に持ちかえてから左手でハンカチ
　　を左方向に引き去ります。右手にコインが出現したようにみえます。
　　このコインをよく見せてからグラスに入れます。

18　最後は，左右逆の同じ動作で，ハンカチを左手にかけてから，ハン
　　カチを右手で右方向に引き去り，左手のコインを指先に持ってそれを
　　示します。コインがまた出現したように見えます。術者はそのコイン
　　をグラスに入れて「これはいくらやってもキリがありません。明日の
　　朝まででも続けることができます。ではそれではお客様が退屈ですか
　　ら，この辺でいいにいたしましょう」と言います。

方　法
第三段
朝日の話

　　この部分で使う技法はよく知られたコインのフェイ
ク・ピックアップの応用です。
19　両手でハンカチを検めてから，ハンカチを浮かせて
　　左手を下に入れ，ハンカチが左手にかかるようにしま
す。グラスのコインを1枚取り，右手に持ち，その表面がキラキラ光
ることを観客に見せます。そして「このコインはよく光るでしょう。
あたかも月か太陽のようです。それではここで朝日のお話をいたしま
しょう」と言います。

20　コインをハンカチの中央に置きます。このコインを置くとき，右手

208

はコインを拇指，食指で持ちますので中指，薬指，小指が空いています。そこで，その3本の指でハンカチの上から，左手の拇指と四指の間を下向きに押すようにします。するとその位置にハンカチの溝ができあがります（第12図）。コインはその溝の上の位置に左手の拇指と中指とハンカチを通して保持される結果となります。

21　このときの状況を詳しく説明すると，左拇指の押さえる力を緩めたならば，コインが垂直に真下に落ちて，完全に溝に隠れてしまいます。この動作は何度か試せば要領が掴めるでしょう。

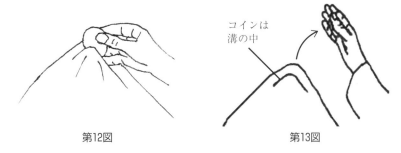

コインは
溝の中

第12図　　　　　　　第13図

22　このとき，右手でコインを持っているように思わせるべく，その手を10cmくらい右上に動かし，そこで一旦止めてその手をよく示します（第13図）。次に，それを左手のハンカチの下からハンカチの中に持って来ます。そして，コインをそこに置いてくる動作をして，空の右手をハンカチの下から出してきます。

23　右手の掌を観客の方に向けて食指を立てて，次の話をします。「太陽はこのように夜は地球の裏側に隠れていますが，朝になり鳥の声がすると，それを聞いて太陽が昇ってきます。ご覧ください」と言います。そして口笛で小鳥の鳴き声を真似します。この口笛に合わせて，コインがハンカチを通りぬけて上にあがってくるのですが，その操作をするのは左手の薬指の働きです。この場面ではコインが上がってくるところを術者もじっと見ているのがいいでしょう。コインが100％出てきたところで，それを右手の拇指と食指でつまみあげ，観客によ

く示してからグラスにチャリンと入れます。

24　そして，両手でハンカチを広げ，穴などがないことを示します。

25　「先ほど，鳥が鳴くと太陽が昇って来ると申しあげましたが，厳密にいうと，それは間違いであり，太陽が昇って来るから鳥が鳴くというのが正しい解釈のようです」と言います。

<table>
<tr><td>方　法
第四段
夕日の話</td><td>この部分では，「天海のコインの貫通」の方法を活用します。
26　ハンカチを左手に掛けて，その上のコインを置くところ，そしてその動作で溝を作るところまでは前段と</td></tr>
</table>

同じです。

　ここで「次に夕日のお話をいたします。夕日のときも鳥が鳴きますが，それは朝と違う鳥です」と言い，術者は裏声で「カア，カア」とカラスの鳴きまねをします。

27　今度は右手の拇指と食指でコインを下に押し込む動作を行います。この動作によって，最初は丸く見えていたコインがまず半月状に見える状態になるでしょう。

このとき「このように夕日はだんだんと地平線に隠れて行きます」と言います。

28　次に，同じ動作でコインをさらに押し込むように見せかけるのですが，今度は右手の食指と中指の先の指骨の間にコインを密かに挟みとってしまいます（第14図）。そして左手を10cm程度下にさげると，観客からはコインが見

第14図

えない状態になるので，観客は術者の右手がコインを左手に押し込んだのだと考えるでしょう。

29　そこで，指先が上方向を向いていた左手を180度時計の方向に素早

く回転するように勢いよく振ります。すると，左手の指先が下方向を
向くようになり，左手が完全に見えるようになり，ハンカチはその指
から下に垂れ下がった状態になります。観客はそのハンカチの中にコ
インがあると考えますが，実はコインは右手が確保しているのです
（第15図）。

30　次に，右手の四指をそのままハンカチの向こう側に持って来ます。
このとき右手拇指はハンカチの手前に位置させます。これは左手のハ
ンカチとコインを右手で掴もうとする動作です。

第15図

第16図

31　このとき，右手の四指をさらに曲げると，食指と中指が挟んでいた
コインがハンカチの左側を回って手前側に来ることになるでしょう
（第16図）。

32　そこでそのコインを左手の拇指で押さえ込むと，コインはハンカチ
の上の部分の裏側に落ちつくことになります。その瞬間，右手の指を
筒状にして下に向かってハンカチをぐいとしごきます。

33　しごき終わった右手をさらにハンカチの下の方の位置でぐるぐると
回します。その向きはハンカチの下側から見ると時計の方向，ハンカ
チの上側から見ると時計の反対方向です。このハンカチをしごき，さ
らにねじるという動作は，観客から見ると，コインを左手で保持して
右手でハンカチをそれによく巻きつけようとする動作に見えます。

34　この動作が終ったら右手を一旦放します。すると巻きつけられたハ
ンカチは自然にほどけるようになるでしょう。それはそれでかまわな

いのです。

35　次に，右手での拇指と食指の先でハンカチの上の部分（ハンカチの真中あたりになっている）を摘まみます。そして，裏にあるコインは左手の拇指と食指によって保持されるようにします。

36　そして，術者は一旦視線を観客の方に送り，左手とコインを動かさずに，ハンカチを持った右手をゆっくりと右に30cm程度動かし，術者はそれに伴って首を右に動かし，ここで視線を右手に送ります。

37　そして，右手の食指でコインを持っていると思っている右手のハンカチの部分を上からぽんぽんと食指で探る動作をします。

38　しかし，そこにはコインはありません。そこで，術者は眉をひそめ，当惑した表情を浮かべます。

39　首を左に回し，視線が左手のコインに到達するようにします。そして，そこにコインがそこにあることに気づき驚いた芝居をします。それは首をすくめる動作と，口をぽかんと開ける表情で演出します。それを見て観客はクスクスと笑うでしょう。左手のコインをグラスに落とします。

方　法
第五段
雨の日の太陽

　　　ここで用いられる手法は筆者が開発した新しいスリービングの技法です。これほど失敗が少なく，かつ効果的なスリービングは恐らく他にあまり例がないでしょう。ここでの手の動きは，「朝日の話」の手の動きとほぼ同じですが，現象は異なります。

40　ハンカチを広げて左手に掛けて，コインをそこに置くところまでは朝日の話のときと同じです。そして，「では，今度は雨に日のことをお話します」と言います。

41　右手でハンカチの上のコインを取りあげます。このときはコインが少しちらつくくらいが適当です。それをよく示してから，ハンカチの下に入れます。この動作も「朝日の話」のときと同じ動作です。とこ

ろが，ここで右手は新しい秘密の動作を実行します。それは右手が本
当にコインを取り，それ示したら，左手のハンカチの中に持っていき，
そこで右手のコインを左手の袖にそっと落し込んでしまうという作戦
です。落とす位置は左手の掌の側にします。その方が後が楽なのです。

42　なお，コインを袖に落すときの右手の位置は想定位置よりかなり下
の位置になります。そこで，コインを袖に落とす瞬間に，ハンカチの
中で左手の四指を急にピンと上に伸ばすのが賢い作戦です。この動作
はハンカチを通して観客に見えるのですが，その動きがコインを左手
が受け取ったことを示唆する効果を生みます。

43　コインが無事左袖の中に落ちたら，ただちに右手をハンカチの下か
ら出し，その拇指と食指でハンカチの一番上の本来コインがあるべき
ハンカチの中央の個所をつまみます。そして，左手もハンカチの外に
出して，ハンカチをそのまま左手で待つようにします。

44　そして，ハンカチの右側にある一隅を右手で摘み，左手をそっと放
すとハンカチが垂れて，コインが消えたように見えます。そこで，両
手でハンカチをよく検めますが，コインはどこにも見当たりません。
ただし，このとき，両手の位置をだいたい術者の首の高さくらいに保
つことが大切です。手が下がり過ぎると袖のコインが落ちることがあ
るから注意を要します。ここで，術者はコインがないことに当惑した
態度を示します。そして，「雨の日はどこを見ても太陽が見当たりま
せん」と説明します。

45　右手で持っている隅を左手に手渡します
　（第17図）。このとき，左手が摘んでい
　る隅をAと呼びましょう。ハンカチが垂れ
　ているので，Aの対角の隅Cは一番下に位
　置し，残る二つ隅B，Dは中間の高さに位
　置します。

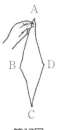

第17図

46　ここからの動作が大切であす。①まず，

左手のＡの位置を首の高さくらいに保ったまま，右手で隅Ｃを摘みあげて隅Ａと位置を合せ，それを右手で摘み持ちます。②次に左手で隅Ｂを摘んで隅Ａ，Ｃと合わせる動作を行うのですが，このとき普通に動作すると，左手が下がりすぎて，左袖のコインが転がり出てきてしまう危険があります。それを避けるためには，まず，左手をＢの高さまで下げてＢを摘まむのではなく，その代わりに，右手を引き上げて，Ｂが元のＡの高さに来るようにするのがコツです。そして，左手がＢを摘んだら，今度はその手を上げるのではなく，それを止めたままにしておいて，右手を相対的に下げるようにして，左手の摘んでいるＢを右手に手渡します。③最後にＡ，Ｂ，Ｃを左手に手渡し，右手で隅Ｄを摘みあげて，それを左手に手渡します。この最後の動作は，普通の動作で差し支えありません。

47　この時点では左手が四隅を摘んでいる状態なので，ハンカチの中央は下に垂れています。この状態で空いている右手でハンカチの中央を下からポンポンと叩いてみせ，そこに何かあるかを確認する風を装います（第18図）。ただし，これはジェスチャーだけであり，ハンカチの中にはなにもありません。

第18図

48　ここで，右手でハンカチの中央の何かがある振りをした個所を掴みあげます。次に，この右手をやや持ちあげ気味にして，それを注視し，左手をそっと放し，その手が術者の左わきに自然に垂れ下がるようにします。すると，左手が下がったので，袖のコインが自動的に左手の中に落ちてきます。それを左手で受け止めて，それをそのままフィンガーパームしておきます。なお，このコインを受け取るときには，左手の指だけを曲げるようにし，手首を曲げないことが大切です。

49　右手で持っているハンカチの中央を左手に手渡し，左手は拇指と食

指だけでそこを摘まみ，中指，薬指，小指はハンカチの手前に位置するように構えます。

　左手をやや高く構え，右手は掌を上に向けてハンカチの真下に持って来ます。そして，左手のフィンガーパームを放してやるとコインはハンカチの手前側で落下しますから，それを右手の掌でキャッチします（第19図）。受け取る位置はハンカチの下端よりさらに下が理想です。右手のコイン

第19図

を観客によく示し，それをグラスにチャリンと落とします。

| 方　法 |
| 第六段 |
| おぼろ月 |

　次の演技は古典的なコインの貫通の方法ですが，ハンドリングには従来の方法にはない細心の配慮がなされています。そしてそのハンドリングが伏線となって，その次のコインの完全消滅が効果的に演出されることになります。

50　ハンカチの隅を左手で取り，それを右手に手渡しますが，このとき，右手は食指と中指の間にハンカチの隅を挟み持つようにします。

51　グラスのコインを左手に取り，指先でそれを観客によく見せます。
　「それではコインを変えて，お月様の話を少しいたしましょう。お月様が一番美しいのは，薄い雲がかかっているおぼろ月のときです」と説明します。

52　コインを持ったままの左手を右手の持っているハンカチの隅のすぐ下の位置に持ってきて，その左手の食指と中指でハンカチの布を挟むように確保し，それを左に引きます（第20図）。この動作により，ハンカチが両手の間に広がりますが，実はこの間，コインが自然に観客の視界からは見えない状態になります（第21図）。

第20図　　　　　　　　　　　　　　　第21図

53　ここで，そのままハンカチを浮かして，左手をハンカチの真下に入
　　れて，ハンカチが左手に完全に掛かるようにします。この動作は「朝
　　日の話」のときと同じように見えても構いません。

54　ただし，ここでコインの位置をハンカチの中央よりやや観客寄りの
　　位置に調整します。この配慮が次の動作を自然に見せるコツとなりま
　　す。

55　その位置で，右手拇指でコインの手
　　前を押さえ，その上にハンカチの中の
　　左拇指を持ってきてハンカチを通して
　　コインを押さえます（第22図）。これ
　　も忘れてはいけない手続きです。そし
　　て，右手食指でハンカチの上からポン
　　ポンと叩き，そこにコインがあるのを
　　確認する風を装います。

右拇指

第22図

　　　「薄い雲がかかっていると，雲を通してお月様がいることはわかる
　　のですが，お月様を直接見ることはできません」と言います。

56　次に，右手でハンカチの観客側に垂れている隅を摘みあげ，それを
　　上から手前まで引いてきます。すると左手のコインが裸で観客に見え
　　る状態になります（第23図）。この瞬間に，右手は密かにハンカチの
　　手前側の隅を掴みます（第23図 x 印）。

　　　「このように雲が晴れると美しいお月様が直接見えます」と説明し
　　ます。そして掴んだ隅を持って，ハンカチを再びコインに掛ける動作

を行います。ところが，もともとハンカチの向こう側にあった隅だけでなく，それと一緒に手前の隅も一緒に掴みあげて左手に掛けてしまったので，コインはハンカチのこちら側に出て来てしまうことになります。（第24図）しかし，ハンカチの手前隅は向こう側の隅よりも長目に調整してあったおかげで，右手で掛けたハンカチの隅が最初の向こう側の隅のように見えるため，観客はコインが手前にきていることに気づきません。

「お月様はまた雲に隠れました」と言います。

第23図

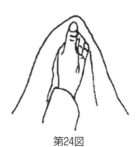

第24図

57　ここで，右手の拇指と食指でハンカチの上とコインをつまみ，左手を真下に抜きます。このとき，左手は簡単に手前に出られる状態にありますが，本当は手前には出られないはずですから，左手は手前方向でなく，ハンカチの真下に向かって抜かなければいけません。

58　右手にハンカチとコインを持ったまま，裏側も見せることができます。その動作をしたいときは，ハンカチの布がコインを覆っていることを確認してから実行します。

59　指でコインの皮をむくかのような動作でハンカチの布をめくり，コインを取り出してしまうのが効果的です。

　　「こうするとお月様を100％確実に見ることができます」と言います。

60　コインを観客に示してから，グラスに落とし，両手でハンカチを広げます。すると，その真中に穴があるというようなことがない事が確認できます。

<table>
<tr><td>

方　法
第七段
日食の太陽

</td><td>

　この段ではコインの完全な消滅が演出されます。前段の動作と全く同じに見える動作の流れの中で，コインが見事に処理されるところに注目いただきたいと思います。これが二つの段を続けて演ずる理由です。

</td></tr>
</table>

61 「お月様はときどき太陽の手前に来ることがあります。そうすると月が邪魔になって太陽が見えなくなります。これを日食と言います。それでは次に日食をご覧にいれましょう」と言います。ここで再び前段と同じように左手の拇指と食指でコインを保持し，右手は食指と中指の間にハンカチの一隅を挟み持ちます。そして，前段と同じ動作で左手の食指と中指でそのすぐ下の左側を挟み持ち，それを左に引いて，ハンカチを広げる動作をします。

62 　前段ではこのとき左拇指，食指がコインを持ったままでしたが，ここでは，この動作のときに，左手が持っていたコインを密かに右手の拇指と食指の間に手渡してしまうのです。この動作は，丁度コインがハンカチの陰になるときに，自然な動作の流れの中で行われるので観客には気づかれないのです（第25図）。

63 　そうしたら，前段と全く同じように，ハンカチを左手に掛ける動作を実行するのですが，このとき右手とコインが丁度，術者の胸のポケットの上に来るように位置をコン

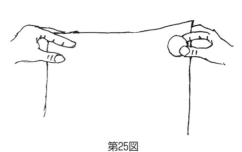

第25図

トロールして，コインを一瞬で胸ポケットの中にそっと落してしまうというのがここでの作戦です。そのために胸のポケットにあらかじめティッシュペーパーの玉を入れておいたのでした。

64 　さて，コインが胸ポケットに落ちたら，右手はその位置に留まっていてはいけません。一瞬で，右手はハンカチの一番上（コインがある

はずの位置）をつまみに行きます。この動作は観客から見ると，コインをハンカチの上からつかもうとしているように見えるでしょう。

65　そうしたら，両手でハンカチを180度回転させてハンカチが右手に掛かるようにします。すると左手がハンカチの上に出て来ることになります。ただちに左手をハンカチの中央から放し，その手でハンカチの左に垂れている隅をつかみます。

66　そして，右手をハンカチから放します。するとコインが跡形もなく消えたように見えます。

67　そこで両手でハンカチの隅を持ち換えたりして，両手が空であることを公明正大に示します。

　「日食のときは，まるで太陽がなくなってしまったように感じられます。でも心配は要りません。時間がたつと太陽は再び現れます」と言います。

方　法
第八段
コーダ

68　左手の拇指と四指でハンカチの一隅を持ちます。左手の上に隅が少しだけ見えていて，ハンカチ本体が左手の下に垂れるのが標準です（第26図）。

69　ここで，術者は右手で上着の左内ポケットにあるものを取りに行く動作を行います。

70　そのためにまずハンカチを持った左手の拇指と食指で上着の左襟（lapel）を持ちあげます。そして右手を懐に入れて，まず内ポケットのコインを素早くフィンガーパームし，続けて同じ手にワイシャツの胸ポケットのジャンボコインを持ちます。この二つの動作を早くやるための細工については準備のところで触れましたのでご参照ください。

第26図

71　そして，ここからが大切なのですが，その右手を時計と反対方向に

180度回転させ，掌が外側を向くようにして
その手を懐の外に出そうとします。そのとき
右手が掴んでいるジャンボコインを密かに左
手の中指，薬指に手渡してしまいます（第27
図）。そして，その右手は手の向きを元に直
しつつ懐から出しきて，パームしていたコイ
ンを指先に持ってそれを観客に示すようにし
ます。ここでは体を右半身気味にするのが有
効です。

第27図

72　右手のコインをグラスに入れますが，その動作のとき，左手を襟か
ら静かに放します。ジャンボコインはその左手の中指，薬指，小指で
しっかり確保されています（第28図）。

73　いまや空になった右手でハンカチの右側に位置する隅をつまみ，そ
れでハンカチを左手に掛けるようにします（第29図）。

第28図

第29図

74　そうしたら，右手でグラスのコインを1枚取りあげる動作をします。
ただし，グラスに複数のコインが入っているので，実は，コイン数枚
を一旦掴み，それをジャラジャラとグラスの落としてしまい，手には
コインを1枚も取らないようにします。この動作はグラスのコインを
1枚手に取るためのごく自然な動作に見えます。

75　そして，そのコインを持っている振りをしている右手を掲げて，そ
こにコインがあるように装い「このコインをハンカチの下に入れま

す」と言い，右手をハンカチの下に入れてコインを左手に手渡すように振舞います。

76　次に，右手をハンカチの下から出し，その手でおまじないに指を鳴らします。

77　右手でハンカチの右側の隅を掴みます。その間に左手はジャンボコインを指先に持つようにします。

78　そしてハンカチを右手で右方向にサッと引きます。この瞬間は，術者は観客の方に視線を送っているのがいいでしょう。

79　術者が視線を左手に移し，そこに大きなコインがあることに驚く芝居をします。そのためには肩をすくめ，「あっ！」と言って口を開けるのがいいでしょう。

80　ハンカチを左腕にかけて，右手のジャンボコインを取り，それをグラスに入れようとしますが，それ無理です。無理なのに気づき仕方なくジャンボコインを手にしたまま正面に向かって一礼して演技を終了します。

五円玉の怪

＜解説＞ 穴あき銭と紐を使った効果的な奇術です。

＜効果＞ 細い紐に五円玉数枚を通し，観客にその紐の端を持っていてもらいます。術者は五円玉にハンカチを掛けて，その陰で五円玉を紐から抜いてしまいます。

＜用具＞ 五円玉を6枚用意します。紐は手芸などに使う細く柔らかいものがいいでしょう。長さは1m弱くらいが適当です。ハンカチを用意します。

＜方法＞ 1 紐を二つに折り，二つの端を揃え，そこから五円玉1枚を通し，折れ目のU字状のところの近くまで持って来ます。

2 そこでU字のループに二つの端を通します（第1図）。そして，二つ端を持ちあげて五円玉が紐に結ばれて，下にぶら下がるようにします（第2図）。この姿を見ると五円玉は紐から取れないように見えますが，実はループを広げてそこに五円玉を通すと，五円玉は造作なく抜ける状態になっているのです。

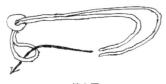

第1図　　　　　　第2図　　　　　第3図

3 ここで残りの5枚の五円玉を2本の端に通してぶらさげます（第3図）。

4 「江戸時代まではこのようにして穴あき銭を持ち歩いていたようです。」と説明しながら，2本の紐の端をひと結びします。そして，その結んだ隅を観客にしっかり持たせます。

5 ここで術者は五円玉が確かによく止まっていることを確かめてから，ハンカチを取り出してそれを覆います。

6 術者はハンカチの中に両手を入れて，一番下の五円玉のループを引き延ばしておいて，その五円玉を通します。するとその五円玉はロープからはずれますから，それを右手指先に持ってテーブルに置きます。この1枚がはずれると，残りは紐からはずれています。それを左手に持ちつつ，右手で続けて5枚の五円玉を1枚ずつ取り出してはテーブルに置いていきます。最後にハンカチをと取り去って，紐をよく調べてもらいます。

20 ソナタ「コウンとコインの幻想」
(Sonata "Cone and Coin Fantasy")

解 説　　天海師のCoin in Cone Vanishは私が天海師に師事し
ているとき，しばしば見せていただき，そのハンドリン
グの巧妙さに感銘を受けていた芸です。師の方法を直接
練習する機会はなかったのですが，そのプロットは100％理解していま
す。その後，この奇術の解説が「Genii」1958年3月号に解説されてい
ることを知りましたが，それを読んでも，この奇術の良さはわからない
だろうと感じました。師の芸を誰かが解説したものですが，その解説が
不十分だったからです。そこで，この度，この芸の再生を試みることに
しました。

　師は小舞台（クラブアクト，パーティーマジック）向けにこの芸を考え
られたと思われます。そこで基本的に，術者は右半身に構え，術者から
みて右に手を伸ばして紙のコーンを持ち，左手にコインを持ち，それを
コーンの中に落とし込み，それを操るのでしたが，それは師が左利き
だったからです。もしも右利きが同じ演技をするのであれば，当然左半
身に構えて右手でコインを扱うはずです。そしてその前提は，観客が見
ている両手の動きを，術者も観客と同じ方向から見ているという演技ス
タイルでした。しかし，この芸を小舞台またはクロースアップで実演す
るとすれば，術者の両手が真正面に向いている方がより自然であると考

223

えました。そこで以下の方法ではそれを前提に右利きの演者が真正面で天海師の技法の趣旨を生かして演技するための理想的な動作を追及するという研究アプローチを採用しました。

　なお，以下に紹介する手順は形式的に，「1，1，2，1」という流れになっています。あたかも音楽のソナタ形式のようです。

①1　　提示部　　コーンの役割紹介
②1'　展開部　　コインの消滅
③2　　再現部　　コインの再出現
④1"　終曲部　　コインの再消滅とお土産のプレゼント

効　果

奉書紙です

よくお菓子をのせます

折って底を作り

2銭銅貨を入れます

中を見ると確かに…

では2銭銅貨を入れ…

お呪いをかけます

すると不思議！…

銅貨が消え…

どこにもありません

でも紙を畳んでお呪いを…

銅貨が再登場します

銅貨を再び入れて…

お呪いをかけると…

再び消えます

お土産の飴を入れましょう

| 用　具 | 紙のコーンの材料には白い和紙（21×21cmの正方形に裁断したもの）が理想的です。ただし，代わりにA4の上質紙を21×21cmに裁断して用いてもさしつかえありません。 |

　コインは日本の明治時代に使われた2銭銅貨が適当と考えました。なお，サイズはやや小さ目ですが，真ん中に四角い穴があいた寛永通宝のような古銭を用いるのも効果的と考えられます。

　なお，演出のため最後のお土産にふさわしい品を用意したいです。包まれた飴が衛生的で好ましいでしょう。

1枚の紙を第1図〜第4図のように折ります。折る回数はたった3回です。折り目がついたら，再び平らに広げておきます。

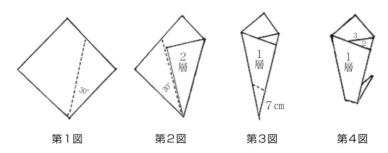

| 第1図 | 第2図 | 第3図 | 第4図 |

術者の上着左ポケットに飴を適量用意します。なお，テーブルにお皿を用意し，コインをそれに乗せておきます。

方 法
第一段

1　テーブルから用紙を取りあげて示し，二回折りのところまで折って見せて「ここに奉書紙がありますが，これはこのように折り畳んでお皿のようにして，お茶請けを乗せてお客様にお出しするのによく使います」と言います。

2　次に下を折り，それを左手に持ち「下を折るとコップのようになりますので，お酒のみが日本酒を入れて生で飲みたいと考えるかもしれませんが，これに液体を入れると下に漏れてしまうと思います。入れるのなら金平糖のようなものなら大丈夫でしょう」と説明します（第5図）。

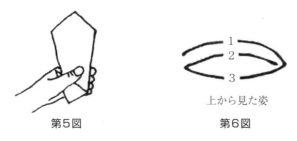

上から見た姿

| 第5図 | 第6図 |

3　上から覗き見すると紙が1，2，3と3層になっていますが，2と3の間が入れ物になっています（第6図）。このとき，自然に2層と3層の間が開いていると都合がよいのですが，そうでないときは右手の指で2と3の間を広げても差し支えありません。

4　ここで，右手でコインを取りあげて観客によく示し，「ここに今から100年以上前に流通していた2銭銅貨があります。それでは試しにこれを紙の中に入れてみましょう」と言い，それをコーンの中に落とします。それには上記の2と3の層の間に収まるようにコントロールします。

5　「こうすると下を折ったことによって底ができていますから，コインが安定して止まります。そこに気がついた人は偉いですね」と言います。

6　さらに「それでは，このときコインがどのように収まっているかをご覧に入れましょう」と言います。

7　左手の拇指と中指でコインをコーンの外からおさえておいて，右手で一番下の折った底の部分を伸ばしてみせます（第7図）。

8　次に，右手でコーンを持ち，左手の食指を1の層の下に差し込みます。

9　そして，コーンとコインを左手で保持するようにして，右手で1の層を右に広げます。コインは2の層に下にあるので観客からはまだ見えません（第8図）。

第7図

10　コーンを持つ役割を右手に変えて，今度は左手で2の層を広げます。

11　すると中央に位置するコイン（右手が押さえている）が観客に見えるようになります（第9図）。

12　左手で紙とコインを支えたまま，右手でそのコインを取り，観客によく見せます（第10図）。

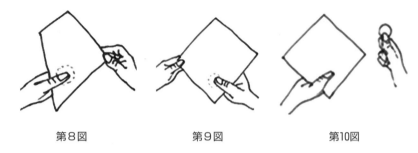

第8図　　　　　　　　第9図　　　　　　　　第10図

13　そして，それを一旦お皿に戻します。

14　両手で紙を持ち，紙の裏表を良く見せます（第11図）。

　　以上が第一部，ソナタの1の提示部ですが，実はここまでは予備動
作です。なお，ここまでの動作では原則コインは拇指と中指で保持さ
れますが，そのとき食指と薬指を中指に添えておくのがよいでしょう
（第12図）。

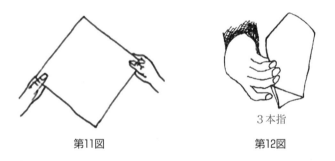

　　　　　　　　　　　　　　　　　　　　3本指
第11図　　　　　　　　　　　　第12図

方　法
第二段　15　ここから以上とほぼ同じに見える動作を再度実行し
　　　　　ますが，今度はコインが忽然と消えてしまいます。そ
　　　　　こがソナタの1'の展開部ということになります。そ
の過程を以下で詳細に記述します。なお，ここではコーンやコインを
保持するときに使う指は原則，拇指と食指だけにして，中指，薬指，
小指は伸ばしておくことが望ましいと思います（第13図）。これが隠
しているコインがないように見える錯覚を強化する役割を果たすから

です。

16 紙を所定の折り方で折り，できあがったコーンを左手で持ちます
（第14図）。

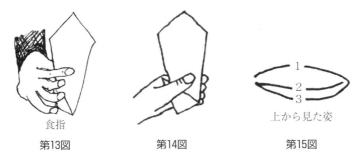

食指

第13図   第14図   上から見た姿   第15図

17 このとき，左手の食指を曲げてコーンの真ん中あたりを手前に押す
ようにすると，コーンが自然に広がりますが，そこで指を緩めると1
の層と2の層から離れるようになります。次に右手でコインを取りあ
げて観客に示し，それをコーンの中に落とすのですが，ここでは，3
層のうち1と2の層の間にコインを落とす作戦をとります（第15図）。

18 すると，コインは折り曲げた底に落ち着きます。ただし，このとき
コインが留まるのはコーンの中ではないので第1回よりは安定性が悪
いです。勢いコインが外にはみ出す危険があります。そこでコインが
コーンに収まるようにその位置をコントロールする必要があります。
そのためにはコーンをやや右に傾けるのが有効です。

19 次にコーンを右手で保持し，左手でコーンの左側を下から上に向っ
てしごきます（第16図）。そうしたら，コーンを左手で持ち，コーン
の右側が垂直になるようにしておいて，右手でコーンの右側を下から
上に向ってしごきます。このときコーンの左側が左に傾斜するので，
この動作によりコインは自動的に左手の方に転がり出て来ます。それ
を左手はフィンガーパームに保持します（第17図）。

20 最後に右手でコーンの底の部分をしっかりさせる動作を行います
（第18図）。

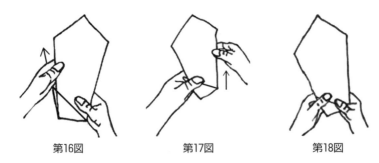

| 第16図 | 第17図 | 第18図 |

21 コーンを左手に持ち，「ではよくご覧ください」と言い，右手でパチンと指を鳴らし「ワン，ツー，スリー！」と唱えます。

22 そうしたら，コーンを一旦右手に取って示します（第19図）。次に，コーンを再び左手に戻しますが，このときコインがコーンの手前に来るように仕向ける必要があります。そのためのコツは第19図の場面で，左手拇指でコインの左端を掌の方に押しつけることです。その動作によりコインの右側と左手の指との間に隙間ができます。そこでその隙間に右手のコーンを差し込むのですが，このときコインを下の折り目の内側にするのが賢い作戦であり，そのようにするとコーンの裏表を堂々とあらためることができます。

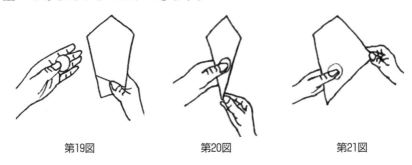

| 第19図 | 第20図 | 第21図 |

23 右手で底の折り曲げたところを伸ばす動作を行います（第20図）。

24 コーンとコインを右手で保持し，左手でコーンの左側の割れ目に指を差し込み，ただちに，コーンとコインを左手に委ねて，右手で1の層を右に広げます（第21図）。

25 右手を広げ，その四指の爪で紙の右角を手前から向こうに叩くようにして紙を伸ばす風を装います（第22図）。

26 次に左手拇指が確保していたコインを右手拇指に委ねます。いわば，コーンの裏でコインを密かに左手から右手にパスする作戦です（第23図）。

27 ここまで来たら，左手で2の層を左に広げます。ここで観客は初めてコインが消滅したと感じます。そこで，左手四指の爪で紙の左角を叩く動作をします（第24図）。

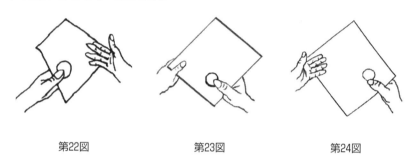

第22図　　　　　　第23図　　　　　　第24図

28 ここで両手に紙を持って広げた状態をよく見せます。この動作のタイミングで紙の裏にあるコインを右手から左手にパスします。そのコツですが，両手で紙を曲げてコインが通る道を確保し，その溝に沿ってコインが転がるように仕向けるのです（第25図）。

29 その結果，コインは左拇指で保持されます（第26図）。コインと紙を左手で持ち，右手を放し，「コインが消えてしまいました」と言います（第27図）。

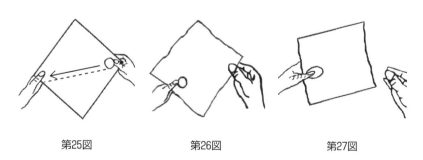

第25図　　　　　　第26図　　　　　　第27図

<table>
<tr><td rowspan="2">方 法
第三段</td><td>30</td><td>ここからは消えたコインを再登場させる場面ですが，それがソナタの２の変奏部にあたります。</td></tr>
<tr><td>31</td><td>紙の折れ目に沿って，右２／３の部分を向こう側に</td></tr>
</table>

　折りこみます（第28図）。

32　そして折れ目を右手で持ち，左手で紙を持ち直しつつその拇指でコインを操作してそれを紙の折れ目に押し込んでしまい，それを右拇指で保持します（第29図）。

33　コインが完全に折り目の中に隠れて見えなくなったことを確認したら，両手を下げて，紙の手前だった面を観客によく見えるようにして，右手でコインを押さえたまま，左手で左側１／３を右に折ります（第30図）。この動作でコインはコーンの中に完全に収まります。

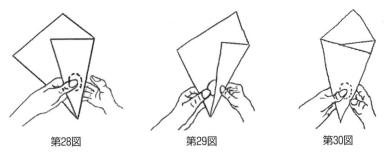

第28図　　　　　　第29図　　　　　　第30図

34　コーンを再び垂直にして左右に裏返します（第31図）。

35　コーンの下を折り返して底を作ります（第32図）。

36　「それでは消えたコインを復元いたしましょう」と言い，「ワン，ツー，スリー！」と唱えつつ右手で指を鳴らします。

37　コーンを右手に持ち，左手でお皿を取りあげ，コーンの口が観客の方を向くように構えて，右拇指の握りを緩めると，コインが中から滑りでてきて，お皿にチャリンと落ちます。これを見て観客はコインが再登場したことを知ります（第33図）。

第31図　　　　　　　第32図　　　　　　　第33図

方　法
第四段

38　いよいよソナタの１″の終曲部ですが，ここで観客にお土産を用意し，演技のクライマックスとしますが，同時にコインは再び跡形もなく消えてしまったという余韻を残す作戦です。「それでは最後に，お客様にお土産を用意したいと思います」と言います。ここからの動作については新たな解説は要らないでしょう。というのは，行う動作が16項から19項までの繰り返しだからです。

39　第19項のところまで来たら，コーンを左手に持ち，「お土産を入れるのにコインは邪魔ですから，コインは消してしまいましょう」といい，右手で指を鳴らし，「ワンー，ツー，スリー！」と唱えます。

40　コーンを右手で持ち，コインを隠し持っている左手の指を使ってコーンの口を広げておき，右手でコーンの中が観客に見えるようにします。そうしたら，左手を上着の左ポケットに入れます。そして，コインをそこに残して，その手で用意してあった飴を少量取り出してきて，掌を上に向けてそれを観客に示してみせます。それからそれを右手のコーンの中に入れます。

41　そして，もう一度左手を左ポケットに入れて飴を持てるだけ持って来て，それをコーンに加えます。入りきれないときは，余りをテーブルに置きます。

42　「それではお客様の代表として一番前のお客様にこのお土産をプレ

ゼントいたします。中身は周りの席の方々にお配りになって結構ですが，紙のコーンはご自分でお持ち帰りください。おうちで上手におまじないをかけると2銭銅貨が出て来るかもしれませんので，それをどうか大切にしてください」といい，最前列の適当な観客に飴の入ったコーンをそのまま手渡します。舞台の立ち位置に戻ったら正面に一礼して演技を終えます。

注記

　天海師はコインを消して，それを再現する小品奇術としてこれをよく演じておられたが，名古屋で師からそれを習われたことのある大矢定義氏はこれを活用してアルミ製の灰皿をコインが貫通する芸に仕上げておられる。一口でいうと，消滅させたコインと同じコインを灰皿の底にワックスで貼っておくという作戦を用いる。コーンでコインを消したらそのコーンを灰皿に置いて火をつけて燃やしてしまうと，その熱でワックスが溶けて，コインが下のグラスにチャリンと落ちるという現象に仕上げておられる。天海師自身がそのような演出をされたかどうかは定かでないが，コーンでコインを消した後に，ライターを取り出してコーンに火をつけて燃やしてしまうという演出はしばしばやっておられた。この場合はパームしたコインを，ライターを取り出すときポケットに処分する作戦であった。

　ちなみに円錐を英語でコーンと呼んでいるが，コーンというとそれは"corn"（トウモロコシ）に聞こえる。円錐は"cone"であり，「コウン」と発音してそれを区別するのが好ましい。ポップコーンをこの容器に入れると「Corns in the Cone」ということになるが，上記の演技で飴の代わりにポップコーンを使うのはよくないと気づいた。口に入れるものを裸でポケットに入れるのはエチケット違反だからである。したがって金平糖やドロップも同じ理由で失格となった。

21 造幣局の硬貨鋳造
(Coinage at the Mint)

解 説

　　　　1960年頃というと高木重朗師がバーノンやスライディ
ニの優れた奇術を文献から研究し，我々若手に紹介下
さった時期にあたります。筆者はそれに刺激を受けて，
動作を研究し，当時この手順を創作しました。高木重朗師にご覧いただ
いたところ「面白い，そういう研究をまとめて本にしたらどうか。」と
おっしゃっていただき，力書房「コイン奇術の研究」を出版するに至っ
たという経緯があります。確かにこの奇術は珍しいプロットであり，多
くの人を楽しませることになりました。この手順はスライディニの提案
する「セルバンテとしての膝の活用」の原理を応用していますが，その
後，澤浩氏，小川勝繁氏がラッピングを使わないで演ずる同じプロット
の芸をご披露くださり，筆者を楽しませてくれました。手法は異なるの
ですが，現象には共通のものがあることがわかります。

現 象

　　　　「造幣局がどうやって硬貨を鋳造するかを説明した
い」と言い，「まず1弗銀貨の鋳造法をご覧に入れる」
と称して，ハーフダラー（50セント銀貨）」を2枚合わせ
ると1弗銀貨ができあがります。次に「そのハーフダラーはどうやって
鋳造するか考察する。」と言い，1弗銀貨を両手でもんでいるとそれが

だんだん柔らかくなり，最後はそれを左右に引きちぎるとそれが2枚の
ハーフダラーになってしまいます。この進行を連続写真でご覧いただき
ましょう。

ハーフダラーが2枚あります　　左に1枚を取り　　　　　　右にもう1枚を取ります

この左のハーフダラーと　　　右のハーフダラーを　　　　一緒にすると

1弗ができあがります　　　　ではハーフダラーは　　　　どうやって作るので
　　　　　　　　　　　　　　　　　　　　　　　　　　　　しょうか

236

1弗をもんでいると

だんだん柔らかくなります

こんなに柔らかくなりました

その1弗を手に取り

左右に引きちぎると

ハーフダラーができあがります

可笑しな話ですね

用 具	ハーフダラー2枚，1弗銀貨1枚を用います。なお，膝にテーブルナプキン（ハンカチで代用可能）を準備しますが，そのとき中央に山を作っておくのがコツです。

1　この奇術はラッピングのタイミングが生命線の手順です。そこで，最初に手の使い方の基本をまとめておきます。

(1)　使用するパームはフィンガーパームだけです。このパームは外見が何も持っていない普通の手と同じ外見になることが原則です。

(2)　手をテーブルに休ませる場面が多くありますが，それには二つのパタンがあり，その一つ＜A＞は拇指がテーブルの手前端より手前に来る位置であり，これは基本的に指先に持っているコインを膝に落とす（ラッピング）のチャンスとなります。もう一つの手の構え方＜B＞はそれより7cm程度手の位置がテーブルの中央寄りになるパタンです。この位置ではラッピングしようとするとコインがテーブルの上に落ちます。

(3)　拇指と中指で指先にコインを持っている状況で，それをラッピングする場合には通常の手の角度では秘密がばれる危険があります。したがって，ラッピングのタイミングでは手首から先を少し内側に曲げるようにし，さらに拇指をやや曲げるようにします。このようにコインが一旦観客の視線から見えなくなるようにする工夫が大切です。

(4)　この芸では，術者の雰囲気，態度，視線の使い方が大切です。視線は手を凝視する場合と，正面の観客に視線を送り，相手に話かける風を装う場合とを使い分けることが肝要です。

2　それでは演技手順をご説明いたしましょう。

テーブルの左右にハーフダラーが並んでおり，観客から見えない膝にはテーブルナプキンがかかっており，しかも，その真ん中に山があることが大切です（第1図）。コインを2枚ラッピングする必要があり，コインがぶつかって音を立てることが許されないからです。なお，1弗銀貨が1枚左手にフィンガー

パームされています。

3　「造幣局が硬貨を鋳造するところをご覧になったことはおありで
　しょうか。念のため，これからその鋳造の場面を実験してご覧に入れ
　ることにいたします」と言います。

第1図　　　　　　　　　　　　　　　第2図

4　左右の手の指先にハーフダラーを持ちます。手を休めますがその位
　置は前述の＜Ｂ＞です。ここからはテンポとタイミングが大切です
　（第2図）。

5　ここからのリズムは「①このハーフダラーを，②こちらのハーフダ
　ラーと，③このように④一緒にして，⑤こう圧力をかけると，⑥こう
　なります」という表現で表しましょう。

6　台詞①に合わせて，左手をあ
　げます。その高さは20cm以内で
　十分です。肘がテーブルに着く
　ほど手をあげる必要はありませ
　ん（第3図）。

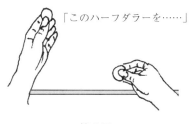

「このハーフダラーを……」

第3図

7　台詞②のとき，左手を下げま
　すが，その最後の位置は＜Ａ＞
　の位置です。そして，この左手の動きに合わせて，右手をあげます。
　このタイミングで，左手は指先のコインをそっと放して膝に落ちるよ
　うにします（第4図）。コインが落ちる位置はナプキンの山の左側です。

8　台詞③で左手を再び持ちあげます。そしてそのとき右手は手を下ろ

して休みますがその位置は＜Ａ＞です（第5図）。右手はそのとき指先のコインを放します。それは膝のナプキンの右側に落ちます。

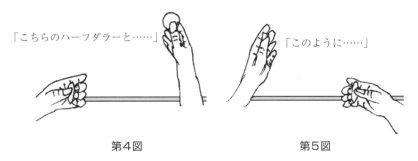

「こちらのハーフダラーと……」

「このように……」

第4図　　　　　　　　第5図

9　台詞④で，右手を左手と同じ高さまで持ちあげ，両手をあわせます（第6図）。

10　そして，台詞⑤のとき指先に力を入れる動作をします（第7図）。

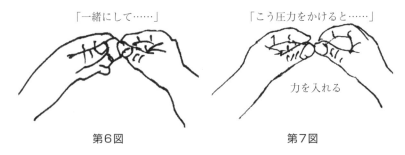

「一緒にして……」

「こう圧力をかけると……」

力を入れる

第6図　　　　　　　　第7図

11　最後に，セリフ⑥にあわせて，1弗銀貨をテーブルに落とし，両手の掌を観客の方に向けて，両手が空であることを示します（第8図）。

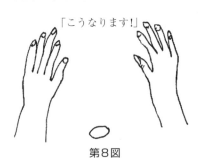

「こうなります!」

第8図

12　ここで1弗銀貨をテーブルに垂直に立てて，その上を左手食指で押さえます。右手の指（食指）で銀貨の右側をはじきます。すると銀貨は独楽のようにテーブルの上でくるくると回ることでしょう（第9図）。この動作をもう1回繰り返します。

13　この動作は術者が後半の準備をするタイミングを作ります。その準備は右手で静かに音を立てないように膝にあるハーフダラー2枚を拾いあげ，そっと重ねて右手にフィンガーパームすることです。

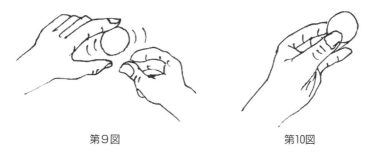

第9図　　　　　　　　　　　　　第10図

14　左手の拇指と四指でテーブルの1弗銀貨を拾いあげ，指先に持ちます（第10図）。

15　「さて，いま，1弗銀貨の鋳造についてご説明いたしましたが，それではハーフダラーの鋳造はどうやって行うのでしょうか。それを次にご覧に入れたいと思います」と宣言します。

16　左手の持っている1弗銀貨を左右の手で持ちます。なお，このとき右手はハーフダラーを2枚フィンガーパームに隠し持っています。コインは真中で表面が観客の方を向いている状態です。両手の拇指がコインの手前側，両手の四指がコインの向こう側になります（第11図）。このコインの持ち方で，コインを前後に動かす動作をしますが，大切なことはそのとき真上から見て，両手の四指が一文字からV字形へ，への字形へと変化するように手を動かすことです（第12図）。この動作でコインは平のままなのですが，観客の方から見ていると指の角度

の変化とともにコインの左右が曲がっていくように錯覚をおこすことになります。そこで術者は「このようにコインがぐにゃぐにゃになります」と説明を加えます。

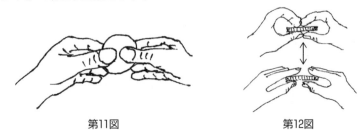

第11図   第12図

17　以上が終わったら，コインを最初のように左手で持ちます。そして，コインを指の上に立てるように保持し，その手を前後に動かします。このとき左手の指の力をゆるめてやると，コインはふらふらとゆれて，あたかもコインがぐにゃぐにゃしているように見えます（第13図）。

18　以上でコインが柔らかくなるという演出は終わり，コインはしっかりと左手に持ち，それを観客によく見せます。左手の位置は，手首がテーブルの表面に触っているくらいが適当です（第14図）。

ゆるく持ち
前後にゆらす

第13図   第14図

19　ここから最後の大切な秘密の動作が行われます。そのためにコインを隠し持っている右手で左手の1弗銀貨を取りに行く動作をします。そうすると右手が左手の向こう側に来ることによって左手のコインが一瞬観客から見えない位置になります。この瞬間に左手の中指を引いて今まで表が観客の方を向いていた1弗銀貨が縦向きになるようにし

むけます。この秘密の動作は観客からは見えません（第15図）。

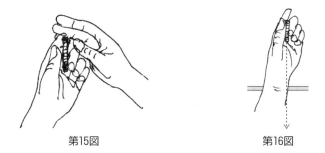

第15図　　　　　　　　　　　　第16図

20　このタイミングで左手の指がコインを放します。仮にコインが元の
　　向きのままであれば，コインは左手の掌に落ちますが，コインを放す
　　前にコインを縦に90度回転させておいたため，コインは手前にころ
　　がって左手の掌を縦に縦断し，さらに手首の方まで転がって最後は膝
　　に落ちることになるでしょう（第16図）。

21　このコインの動きは観客からは全く見えません。コインが膝に落ち
　　たら，両手を５cmほど持ちあげて，右手のフィンガーパームの２枚の
　　うち１枚を左手に取り，続けて左手を180度返して掌が観客の方を向
　　くようにします（第17図）。

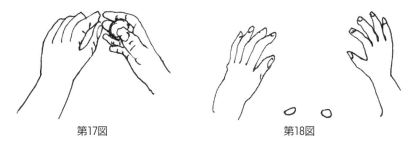

第17図　　　　　　　　　　　　第18図

　　そして，両手の指先にハーフダラーを持って，手を左右に引き，
　　ハーフダラー２枚がテーブルの上に落ちるようにします（第18図）。
　　すると観客は１弗銀貨を左右に引きちぎったところ２枚のハーフダ
　　ラーになったが如く感じます。

22 「このようにアメリカの造幣局では1弗銀貨からハーフダラーを鋳
造するようです。でもこの話にはいまひとつわからないところがあり
ますね。一番最初の1弗はどこから持って来ればいいのでしょう
か？」この台詞がこの愉快な奇術のエンディングとなります。

22 フィーニックスコイン
(Phoenix Coin)

| 解　説 | 　柴田直光著「奇術種あかし」P.134に「紙に包む銀貨」と題する古典的手法が図入りで解説されています。 |

　1枚の紙にコインを包み，紙を左右から畳み，さらに上を折り込みます。このとき，上が少しずれた状態にしておいて，その高い部分だけを折り畳むという作戦はなかなか巧妙です。ところがここからコインを抜き取るために紙を180度上下逆にする動作がどう考えても不合理であり，賛成できませんでした（参考図参照）。そこでその後，同じ目的を果たすよりよい方法を開発しました。以下にその方法の詳細とそれを活用した手順の提案を記述します。

コインがぬける

参考図

連続写真でお示しします。

コインを紙に包み

右側を折り

左側も折る

左右の折り目を確認

裏返しして

さらに上も折り畳む

正方形になる

コインでテーブルを叩く

紙をしめてコインを確認

ライターを出す

紙はピンセットで持つ

火を点ける

灰皿で燃やす

黒い灰を左手にパラパラ

黒い灰が銀貨になる！

用　具

15cm×15cmの白い紙を用意します。ただし，操作の便のために，まず下から半分を上に折り曲げて折り目をつけます。このとき折り目線を3mm間隔の2本の平行線にするのが大切なノウハウです。次に左右を三等分に折りたたみ，最後に上の2.5mm部分を下に折り曲げて，全体の折り目を十分につけてから広げておくようにします（第1図）。

コインは1ドル銀貨がお勧めです。なお，灰皿の用意が必要です。さらに小道具としてピンセットとライターを用意します。

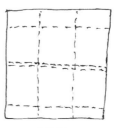
第1図

準　備

テーブルに灰皿が用意されます。紙とコインを取り出してテーブルに置きます。術者の左ポケットにはピンセット，右ポケットにはライターが用意されています。

方　法

1　紙を観客に手渡して検めてもらい，さらに銀貨も検めてもらいます。

2　まず，紙を左手に持ちます。このときこの後の紙の折り畳み方に折り目を合わせておくのが賢明です（第2図）。

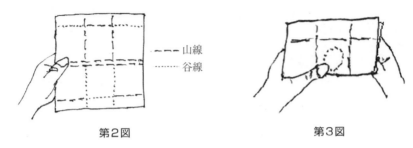

<table>
<tr><td>— — — 山線</td></tr>
<tr><td>……… 谷線</td></tr>
</table>

第2図　　　　　　　　　　　　　　　第3図

3　右手にコインを持ち，紙の向こう側（観客側）の中央上に位置させ，それを左手拇指，中指で保持します。

4　右手を放し，その手で紙の下半分を向こう側に折り曲げます。この動作によってコインは紙の陰になります（第3図）。

5　左右の拇指と中指の位置を端から5cmの位置にしておいてコインがその間になるようにすると，コインは一旦中央に収まるでしょう。このとき左右の手の四指の根元を紙の左右の端に当てておくことが大切です（第4図）。さて，ここから紙の右側を折る動作に入りますが，そのとき紙を気持ち左下がりに傾けます。その傾斜の角度は10度で十分です。すると，二つ折になった紙の中で折り目に沿ってコインが左方向に転がりますが，左手の四指の根元がストッパーの役割を果たします。

第4図　　　　　　　　　　　　　　　第5図

6　ここまで来たら，何食わぬ顔で右手を使って紙の右1／3を向う側に折り曲げて，それを右手中指で押さえます。そして，右側の折り目

を右手でしっかりさせる動作をします（第5図）。なお，このときは紙をやや右下がりに構えることが大切です。その傾斜は5度で十分です。

7　ここで大切な動作が一つあります。それは右手の拇指と中指を紙の中央近くに移動してそこをよく押さえておき，コインを確保していた左手の指を紙から放すことです。前項の右傾斜を怠ると，コインがその重みで紙の左側に転がり出すアクシデントに見舞われる危険があります。この動作はコインが中央にあるということを強調する意味合いがあります。

8　次に左手の拇指，中指を再び左端から5cmのところに戻し，その左手で紙の左1／3を向こう側に折りたたみます。そして，その左手で左の折り目を確実にする動作をします（第6図）。

第6図

　これでコインを中央に位置させ左右を折り畳んだように見えますが，実はコインは最後に折りたたんだ部分の内部に位置しています。このことを観客は知りません。

9　ここで紙の左右を左右の手で持ち，念を入れて，左手で左端を上から下に向かってしごき，更に右手で右端を上から下に向かってしごきます。この動作はコインが確実に中に留まっているということを強調する役割をはたします。

10　ここでそのまま左右を入れ替えて紙の表裏を逆にします。そして最後に，上の2.5cm部分を手前に折りたたみます。その結果，紙は5×5cmの正方形の大きさになります。

11　ここで術者は正方形の左上隅を左手で摘まみ持ち，折り畳まれた紙でテーブルをトントンと叩きます。すると中に隠されたコインがテーブルに当たり，コツコツと音を立てるでしょう。

12　ここからの作業は，コインが中にあることさらに強調する意味があります。それは両手の指先でコインを包んだ紙を術者の方向に押しつけて，紙の表側にコインの形のしわができるようにする動作であり，観客側から見ているとコインの姿が紙に写ったのが確認できます（第7図）。

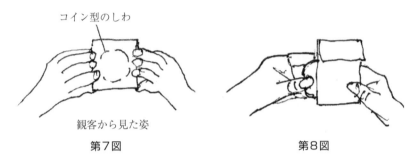

コイン型のしわ

観客から見た姿

第7図　　　　　　　　　　第8図

13　この作業の最後に術者は左手の拇指をコインが収まっているところにそっと差し込み，コインをそっと左に引き抜き，コイン半分くらい左側に飛び出すように仕向けます。そして左手四指の先が紙に左端ぎりぎりの位置になるようにコインと指の位置を調整しておきます（第8図）。

14　観客に向って話かけます。「さて，ご覧のとおり，コインを紙にくるみましたが，これからこれに火を点けて良く燃えるかどうかを確かめる実験をしたいと思います。ただし，そのためには私だけでは手が足りませんので，お客様にお手伝いをお願いしたいと思いますがよろしいでしょうか。」これに対して観客は気軽に「いい」と応えるでしょう。

15　さらに続けます。「仕事は二つありますが，一つは燃える紙を持っている係であり，もう一つは紙にライターの火を点ける係です。どちらをお引き受くださいますか。」この質問には誰でもがライター係を選ぶでしょう。

16　ここで術者は右ポケットからライターを取り出して観客に手渡しま

す。

17　そして「燃える紙を手で持っていると指を火傷しますから，ピンセットを使うことにいたしましょう。」と言います。

18　ここで，術者は左手の拇指でコインをフィンガーパームの位置まで引き，一方右手で紙を持ってそれを右方向に引きます。するとコインは自然に左手に残りますから，それを左ポケットに入れ，コインをそこに一旦置いてピンセットを持ち，手をポケットから出して来ます。そしてそのピンセットに紙を挟み，観客にライターでそれに火を点けてもらいます。

19　燃えているとき，ピンセットの向きを調整し，紙が縦になるようにするとよく燃焼します。そうしたら，紙が燃え尽きる直前に燃えている紙を灰皿にそっと置きます。紙は灰皿の上で完全に燃え尽きて灰となるでしょう。

20　ピンセットをテーブルに一旦置き，ライターを返してもらい，それを左手に持ちます。

21　左手でライターを左ポケットにしまい，その左手にコインを再びフィンガーパームに隠し持ってポケットから出します。その手で灰皿を持ち，右手にピンセットを持ち，ピンセットの先で灰をかき回しつつ顔を曇らせてみせます。これは芝居ですが，コインが無いのが意外だという表情です。「コインが残るはずでしたが，なぜか銀貨もよく燃えてしまいました。しかたがありません。この黒いのがその酸化銀です。この粉末を少し採ってみます。」と言い，ピンセットで紙の燃えカスの灰を少し採り，左手を握りこぶしにしてその上から灰をかけます。

22　左手の掌を上向きにして四指を半開きにします。コインは薬指の根元に隠されています（第9図）。ここでさらにピンセットで灰を採り，それを左手の上10cmくらいのところからぱらぱらと落とすようにします。左手を一旦ぎゅっと握ってそれを一杯に広げます。

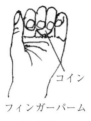

コイン

フィンガーパーム

第9図

第10図

　このとき握る動作でコインが掌部側に自然にパタンと倒れるので，手を一杯に広げると，コインが掌の真ん中によく見えます。それを確認したら，そのコインを灰皿の中に滑り落とします。最後に「コインが不死鳥のように灰の中から生まれかわりました。」と説明します。

著者紹介

氣賀　康夫（きが　やすお）

【略歴】

東京生まれ。慶應義塾大学経済学部卒業。同大学奇術愛好会三代目幹
事長。また同大学囲碁部OB会に所属。
学生時代より故高木重朗に師事，その後天海IGPで天海師に師事，
1972年石田天海賞受賞。奇術関係のほか，電卓，囲碁に関する著作も
多い。囲碁については井口貝石のペーネーム。
東京アマチュアマジシャンズクラブ元会長，現名誉会員。

【著書】

『トランプマジック』東京堂出版，1996年。
『ステップアップカードマジック』東京堂出版，2005年。
『ビギナーズマジック　技法のいらないやさしいマジック』東京堂出版，
2006年。

コイン・マジックへの誘い

2021年12月10日　　初版第 1 刷発行

著　　者　　氣賀　康夫
発 行 者　　大坪　克行
発 行 所　　株式会社 泉 文 堂
　　　　　　〒161-0033　東京都新宿区下落合 1 - 2 - 16
　　　　　　電話 03 - 3951 - 9610　FAX 03 - 3951 - 6830

印 刷 所　　光栄印刷株式会社
製 本 所　　株式会社三森製本所

ISBN 978-4-7930-0467-4　C2076